나이 드는 게 두렵지 않습니다

나이 드는 게 두렵지 않습니다

적게 벌어도 잘사는 노후 준비의 모든 것

요코테 쇼타 지음 | 윤경희 옮김

중앙books

계획이 있는 노후는,
절대 흔들리지 않는다

'정년 60세, 인생 80년'이라는 것도 이제 옛말이다. 오늘날은 '정년 70세, 인생 100년'이라는 표현이 더 맞을지도 모르겠다. 이에 따라 '인생 후반전'이란 개념도 크게 바뀌었다. 그동안 꽤 오랫동안 40세가 인생의 반환점으로 인식됐지만, 수명이 길어진 요즘은 대다수의 사람들이 50세라고 여기는 추세다.

즉, 인생 100년 중에서 후반전은 50년씩이나 된다. 어찌어찌해서 잘 버티면 되겠거니 하는 마음가짐으로는 이 대장정을 살아내는 게 결코 녹록지 않을 것이라는 뜻이다. 그렇다면 여러분은 남은 50년 동안 자신에게 언제, 어떤 일이 일어날지 생각해본 적이 있는가? 아마 다음과 같은 일이 일어날 가능성이 높다.

- 56세, 황혼이혼 위기에 봉착하다.
- 60세, 연봉은 반으로 줄어들고, 일은 신입사원급으로 돌아간다.
- 66세, 암 선고를 받다.
- 70세, 의료비 지출이 증가해 평생 모은 돈이 사라진다.
- 77세, 집을 싼값에 급매로 내놓다가 손해만 본다.
- 82세, 치매에 속수무책으로 당하다.
- 90세, 시설 입원 후 제대로 걷지 못하고 누워만 있다.

이는 나의 주관적 생각이 아니다. 정부나 대기업이 발표하는 데이터를 비롯해 각종 연구와 논문, 몇백 명이나 되는 고령자와의 상담을 통해 얻은 매우 객관적이면서 과학적으로 도출된 현실이다. 하지만 대부분이 이런 현실에 막연히 불안해하고 있을 뿐, 특별히 대책을 세우지는 않는다. '그때가 돼서 생각하면 되겠지' 하는 식의 태도는 냉혹한 노후를 외면하는 것일 뿐이며 어떤 해결책도 얻을 수 없다.

이게 바로 내가 이 책을 쓰게 된 이유다. 별로 알고 싶지 않은 현실을 직시하고, 몇 살쯤에 어떤 문제가 내게 일어날지 미리 알고 대책을 세운다면 여러분의 남은 인생은 크게 달라진다. 살면서 난감한 상황에 부딪힐 때마다 그 피해를 최소한으로 줄일 수도 있다.

젊은 시절부터 철저히 노후를 준비하라는 말이 아니다. 취미에 쓸 돈을 아끼고 아껴 저축만 한다든지, 건강을 위해 좋아하는 음식을 참고 영양 위주 식단으로만 채우는 나날이라면, 과연 그런 인생이 즐거울까?

적어도 '알고는 있자'는 말이다. 앞으로 자신에게 펼쳐질 삶의 문제들을 미리 예상하고 이에 대한 대비책을 생각해두면, 일이 일어났을 때 당황하지 않고 바람직하게 대처할 수 있다.

나는 부동산 회사에서 일하며 유산과 상속에 관한 상담을 꾸준히 해왔다. 지금까지 총 1,000명 이상의 가정을 직접 상담했고, 이들 중 250여 세대의 가족자산을 전담 자문해왔으며, 총 79억 엔이 넘는 고객신탁 재산을 관리하고 있다. 주로 돈과 건강, 인간관계 등 노후에 닥칠 전반적인 불안 요소들을 해결하면서 바쁜 나날을 보내왔고, 감사하게도 이렇게 책을 펴내기까지 했다.

이 책을 쓰기 위해 정말 오랫동안 많은 공을 들였다. 현장에서의 내 모든 경험을 총동원한 것은 물론 공공기관의 연구자료 등도 활용해 연령대에 따라 일어날 수 있는 주요 노후 문제와 그 해결책을 연표 형식으로 알기 쉽게 정리했다. 본문에 제시된 연령은 법과 제도에 입각한 자료 및 각종 기관의 데이터, 저자의 실무 경험에 입각하여 추정한 것이다. 따라서 해당 일들이 발생할 확률이 높은 '평균 연령'임을 밝힌다. 의료 및 법률 분야에서는 일본 최고의 베테랑 전문가들의 꼼꼼한 자문도 받았다. 그만큼 전문성 있으며, 누구나 이해하기 쉬울 것이라 감히 자부한다.

모든 불행으로부터 도망치는 것은 불가능하다. 하지만 하나라도 더 피해서 자신에게 주어진 행복을 누릴 수는 있다. 이제부터라도 문제를 뒤로 미루는 안일한 선택은 그만두자. 오히려 지금이라서 할 수 있는 일이 더 많다.

내가 고객으로 만났던 고령자들은 불과 50대 때까지만 해도, 자신에게 이런 문제가 생길 줄은 전혀 몰랐다고 말했다. 이렇다 할 준비 없이 살다가 언제부턴가 남 일이라 여겼던 일들이 나의 현실이 되면서 그제야 노후를 실감했고, 갑자기 노후를 맞이한 탓에 안 해도 될 고생을 사서 한 것 같다는 후회를 토로했다.

여러분은 내가 꿈꾸는 노후의 삶이 어떤 모습인지, 몇 살에는 어디에서, 어떻게 살고 싶은지 보다 구체적으로 그려보길 바란다. 그리고 이 책을 통해 미리 준비하여 기왕이면 바라던 대로 멋들어지게 노년을 살아보자.

우리는 인생 전반전에서 수차례 위기를 겪었으나 끝내 잘 헤쳐 나와 여기까지 왔다. 남은 인생도 마음먹기에 따라 얼마든지 좋은 방향으로 바꿀 수 있다. 나는 그렇게 믿고 있다. 여러분도 그러길 바란다.

요코테 쇼타

나이 드는 게 불안하다는
사람들에게 권하는 노후 지침서

_김경록(미래에셋투자와연금센터 대표)

축구에서 골이 가장 많이 터지는 시간은 후반 15분을 남기고 있을 때다. 인생 역시 후반에 생각지도 않은 일들이 많이 일어난다. 대기업에서 퇴직하여 안정된 노후생활을 예약한 사람이 예기치 못한 일로 한순간에 노후의 구렁텅이에 빠지기도 한다. 인생 전반을 잘 살았다고 해도 인생 후반을 안심할 수 없다. 도대체 어떤 일들이 일어나길래 그런 걸까?

인생 후반에 유의해야 할 리스크를 몇 개 들라면 은퇴창업, 금융사기, 황혼이혼, 성인자녀, 중대질병 등이 있다. 이들 중에서 2~3개가 한꺼번에 닥치면 노후의 삶은 '좋음'에서 '나쁨'으로 급반전이 된다. 곤혹스러운 것은, 인생 후반에는 잘못을 만회할 시간이 없다는 사실이다. 우리가 인생 후반에 일어날 리스크를 잘 알아야 하는 이유다. 일어날 일들의 시기도 알 수 있으면 금상첨화다.

노후에 관련된 강의를 할 때마다 인생 후반에 일어나는 문제들을 시간 순서로 정리한 책이 있으면 도움이 되겠다는 생각을 하곤 했다. 그러던 중 최근 일본의 노후설계사 요코테 쇼타 작가가 쓴 책《나이 드는 게 두렵지 않습니다》를 만났다. 이 책은 50세, 51세, 53세… 말 그대로 연령에 따라 노후에 일어날 주요 사건을 연표처럼 기술했다. 60세를 들춰 보니 '연수입은 절반으로 삭감되고, 일은 신입사원급으로 돌아가다'라는 내용이 있었다. 무릎을 쳤다. 실제 우리나라에서 주된 직장에서 퇴직을 하면 연수입이 절반으로 뚝 떨어진다. 61세는 '정년퇴직의 충격에서 오는 우울증'을 주의하라면서 자가 진단해볼 수 있는 체크리스트까지 담겨 있다. 참으로 유용하다. 축구에서 승부차기를 할 때 공이 어디로 날아올지 몰라 바짝 긴장하는 골키퍼의 모습을 본 적이 있을 것이다. 이 책은 그야말로 노후라는 골대를 향해 날아올 공의 방향과 구질을 정확히 알려준다.

인류는 농사 달력을 가지면서 농업의 생산성이 높아졌다. 마찬가지로 우리도 인생 이모작을 할 때 노후 연표를 가지고 있으면 노후의 삶을 생산적으로 바꿀 수 있다. 노후에 구렁텅이에 빠질 위험도 줄어든다. 그러니 미래의 '나'가 현재의 나에게 던져준 일기장이라 생각하고, 이 책을 찬찬히 읽어보길 권한다.

2부 마지막까지 건강하고
우아한 삶을 위하여

70세 이후 당신에게 다가올 노후 문제들

1부

50부터 고생하는 인생,
50부터 편해지는 인생

50세 이후 당신에게 다가올 노후 문제들

아픈 부모를 돌보았더니
찾아온 '우울증'과 '조기퇴직'

부모를 돌보았을 뿐인데 파산 신세가 되다

인생 후반기라 불리는 50대에 들어서면 더 이상 나와 내 자식만 생각하며 지낼 수만은 없게 된다. 부모님의 노후생활, 특히 노인 돌봄문제가 현실적으로 다가오기 때문이다. 불과 몇 년 전만해도 노인 돌봄문제가 그다지 큰일은 아니었지만 지금은 누구나 거쳐야 할 통과의례가 되었다. 특히 50대 무렵부터는 고령이된 부모를 돌보느라 퇴직을 선택하는 '돌봄퇴직'이 최고점을 향한다(표1 참고).

　부모를 돌보는 일에는 두 가지 복병이 도사리고 있다. 우선첫째는 일과 돌봄 활동을 동시에 할 수 있느냐의 문제다. 다른하나는 신체만이 아니라 정신적으로도 예상치 못한 큰 변화가

표1

돌봄퇴직자 연령분포

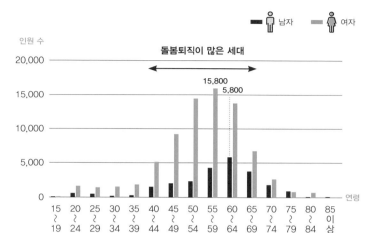

■ 남자   ■ 여자

돌봄퇴직이 많은 세대

※출처: 총무성 '취업구조기본조사' 참고

생긴다는 점이다. 부모를 돌보는 과정에서 빠져나올 수 없을 것 같은 구덩이에서 허덕이고 괴로워하다 결국은 돌봄우울을 겪기도 한다. 내 부모를 위해 할 수 있는 것은 다 하겠다는 효심에서 행한 일이 오히려 자기 자신을 고통스럽게 옭아매는 상황이 되는 것이다.

가족이 있는 사람이라면 배우자나 자녀에게 영향이 미치기도 한다. 배우자가 돌봄에 협력하지 않는다는 사유로 이혼하는 모습은 더 이상 놀랍지도 않다. 예전과 달리 지금 시대는 아내

가 시부모를 봉양하는 게 당연하지 않게 되었다. 그렇기 때문에
아내가 내 부모를 돌보는 데에 협력하지 않거나 아내도 일을 하
고 있어서 공동돌봄이 어려우면 남편은 직장을 다니면서 자신
의 부모를 돌볼 수밖에 없다.

이런 상황이 오늘날 문제가 되고 있는 이유는, 돌봄이 필요한
고령자는 급증하고 있지만 돌봄 종사자는 감소하고 돌봄에 필

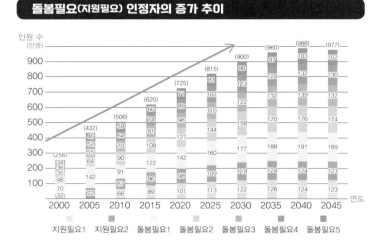

표2
돌봄필요(지원필요) 인정자의 증가 추이

인원 수
(만명)

지원필요1 지원필요2 돌봄필요1 돌봄필요2 돌봄필요3 돌봄필요4 돌봄필요5

※ 고령화가 진행되면서 돌봄필요(지원필요)의 인정자 수는 제도 개시(2000년도) 이후 해마다 증가하고
있다. 일본 전체로 보면 2035년까지 증가 추세가 멈추지 않을 전망이다.
※ 2000년도, 2005년도는 지원필요 단계가 한 종류밖에 없었기 때문에 오늘날의 지원필요1에 해당하는
사람도 지원필요2에 포함됐다.
※ 출처: 경제산업성 '미래의 돌봄 수요에 대한 고령자 케어시스템에 관한 연구회보고서' 외 참고

요한 비용 부담은 지속적으로 증가하고 있기 때문이다. 돌봄 종사자는 2025년 말까지 245만 명이 필요할 것으로 예상되고 있으나, 2019년 현재 185만 명밖에 되지 않아 60만 명이나 부족한 상황이다. 반면 돌봄이 필요한 고령자 수는 최근 10년 새 약 1.4배나 증가했다.

공적 돌봄 서비스가 충분하지 않으면 본인 혹은 가족이 직접 돌봄 활동을 할 수밖에 없다. 2020년에 성립한 스가 정부는 '자조(自助), 공조(共助), 공조(公助)'를 자신들이 목표하는 사회상으로 내걸었는데 일본의 고령화와 인구감소를 고려할 때 이 말은 '부모 돌봄은 일단 개인이 알아서 하시오' 하는 형국으로 비쳐질 뿐이다.

국가는 돌봄퇴직자를 제로로 만든다는 목표를 내세웠으나 현재의 상황을 생각하면 허울뿐인 슬로건이 아닐 수 없다. 실제로 돌봄 활동을 위해 직장을 그만둔 '돌봄퇴직자'는 현시점에서 거의 10만 명에 육박하고 있다.

비용을 댈 수 없어 강제로 택한 '조기퇴직'

많은 사람들이 고령인 부모를 요양시설에 입소시키면서 본격적으로 간병 활동이 시작될 것이라고 여기는데, 사실 그렇지 않다. 몇 년 동안 배우자나 자녀의 도움을 받으며 집에서 간병하다가 한계가 오면 요양시설에 모시는 수순이 압도적으로 많다.

게다가 '간병'이라 뭉뚱그려 칭해도, 본인 스스로가 어느 정도 생활이 가능한 사람이 있는가 하면 언제나 다른 사람의 도움이 필요한 사람도 있다. 다음 표3은 국가가 정한 분류다. 고령자의 상황에 따라 등급을 나눠서 지원필요1~2단계와 돌봄필요 1~5로 정하고 있다.

금전적으로 여유가 있으면 시설을 이용할 것이고, 시설이용료를 부모의 자산으로 충당할 수 있으면 돌봄퇴직에 이르지 않는다. 단, 민간 돌봄 시설과 비교해서 비용이 다소 저렴한 특별양호노인홈(특양) 같은 시설은 대기를 해야 하는 경우가 대부분이다. 게다가 돌봄등급에 따라 입소 순서가 정해지기 때문에 일찌감치 신청을 해봤자 딱히 이점이 있는 것도 아니다.

시설 입소를 기다리는 동안 잠깐이라도 민간 운영 노인홈에 입소한다는 또 다른 선택지가 시야에 들어오기 시작하는데 입소 비용을 마련할 수 있으면 다행이지만 그게 안 될 상황이면 결국 돌봄퇴직을 고려하게 된다. 실제로 내가 상담했던 고객들 역시 금전적 상황 때문에 돌봄퇴직을 선택했다는 대답이 가장 많았다.

표3
돌봄필요도 구분

지원필요1	일상생활상의 기본동작은 거의 스스로 행동하는 게 가능하지만 절차가 있는 일상생활 동작에는 다소 지원이 필요한 상태
지원필요2	일상생활 동작을 하는 능력이 다소 저하해 지원이 필요한 상태
돌봄필요1	일상생활 동작을 하는 능력이 일부 저하해 부분적인 돌봄이 필요한 상태
돌봄필요2	돌봄필요1의 상태에 추가해 일상생활 동작에 대해서도 부분적인 돌봄이 필요할 수 있는 상태
돌봄필요3	돌봄필요2의 상태와 비교해서 일상생활 동작 및 절차적 일상생활 동작의 관점에서 현저하게 저하해, 거의 전면적인 돌봄이 필요할 수 있는 상태
돌봄필요4	돌봄필요3의 상태에 추가해 동작능력이 더욱 저하해, 돌봄이 없으면 일상생활 영위가 곤란해질 수 있는 상태
돌봄필요5	돌봄필요4의 상태보다 동작능력이 더욱 저하해 있고 돌봄이 없으면 일상생활 영위가 거의 불가능한 상태

※출처: 에도가와구의 돌봄보험 홈페이지

간병으로 인한 조기퇴직은 최대한 미루고 미뤄라

돌봄퇴직의 가장 큰 문제점은 지속적으로 들어오던 수입이 끊긴다는 것이다. 그런데 50세는 어린 자녀가 있는 가정도 있는가 하면 대학 진학 등 양육비가 가장 많이 드는 시기이기도 하다. 이 시기를 부부 중 한 사람만의 수입으로 잘 넘어갈 수 있을까. 부모의 연금이나 자산이 충분하다면 해낼 수 있을지 모르지만 원래부터 부모의 자산이 충분하지 않았기 때문에 돌봄퇴직을 하려는 게 아닌가.

더 심각한 문제는 간병이 언제까지 이어질지 알 수 없다는 사실이다. 일반적인 돌봄 기간은 약 5년이라고 하는데 인생 100년 시대인 오늘날은 돌봄 기간이 계속 연장될 수 있음을 충분히 예측할 수 있다. 수입이 끊어진 상태가 10년이나 지속되면 가정까지 함께 무너질 위험마저 생긴다.

한 번 퇴직을 해버리면 재취업이 지극히 어려워진다는 것도 우려되는 지점이다. 예를 들어 50세에 조기퇴직을 하고 10년 동안 부모님의 생활을 돌봐드린 후, 다시 재취업을 하려 해도 지원 가능한 회사와 업무가 극히 드물다. 50세를 넘긴 후의 복직과 재취업은, 비유하자면 도쿄대에 입학하는 것보다 훨씬 어려울지 모른다.

닥치는 대로 일을 한다면 일과 수입이 제로가 되는 것은 피할 수 있다. 하지만 연수입 600만 엔에서 연수입 200만 엔이 되면 과연 생활이 가능할까. 연수입 200만~300만 엔으로 한창 자라날 시기인 중학생, 고등학생 또는 대학생 자녀가 있는 경우라면 생활비만으로도 무척 힘겨울 텐데 교육비를 따로 지원해줄 수나 있을까.

게다가 50세부터 일을 그만두면 후생연금(우리나라의 국민연금에 해당한다-역주)의 적립도 멈추기 때문에 65세부터 받을 예정이던 연금 수급액이 줄어들고 만다. 이렇게 되면 자신의 노후 생활도 위험해지지 않겠는가.

돌봄으로 인한 조기퇴직을 결정하면 부모의 돌봄 문제에 한해서는 해결책이 될지 모르지만, 가족의 경제적 문제를 불러일으키게 된다. 그렇기 때문에 지금부터 부모의 돌봄 상황을 대비해서 금전적인 준비를 해두지 않으면, 부모만이 아니라 자신과 내 가족이 경제적 파탄에 빠질 수 있다는 사실을 늘 명심하자.

경제적인 이유에서 돌봄 서비스를 이용할 수 없는 경우는 근무처와 상담해서 출근하는 날이나 업무 시간의 조정 등이 가능한지 꼭 확인하자. 부모의 간병 활동에 있어서는 회사나 지자체, 형제자매간에 서로 대화를 나누는 게 가장 중요하다.

혼자 짊어질 생각 말고, '팀플레이'를 해라

'나 혼자 해결해야지' 하는 사고방식도 돌봄퇴직을 하게 만드는 이유 중 하나가 될 수 있다. 그러나 간병은 가족과 공적 기관이 함께 '팀을 이루어' 하는 게 정답이다.

예전에 우리가 아이를 키울 때를 생각해보자. 육아라면 보육원, 유치원, 어린이집, 배우자 또는 조부모까지 모두가 팀을 이

뤄 도왔기 때문에 일을 하면서 육아도 가능했다. 그러다 좀 자라 초등학생이 되면 혼자서 귀가하고 혼자서 숙제를 하는 식으로 그 시기를 지날 수 있었다. 하지만 고령자는 나이가 들면 들수록 자립과 멀어지게 된다. 맨 처음에는 가족의 도움으로 돌봄이 가능했지만 시간이 지나면서 여러 면에서 점점 어려워진다. 결국 팀으로 대응하는 것이 최선이다.

부모의 연금과 자산에 따라 어떻게 돌봄 서비스를 받는지 아는 것도 중요하다. 안타깝게도 돈이 없으면 하고 싶은 일도 할 수 없다. 사용할 수 있는 돈이 얼마나 있는지 모른 상태에서 돌봄 서비스를 시작해서는 안 된다. 또 의사능력이 확실할 때 마음 단단히 먹고 부모님의 재산 현황을 상세히 파악해놔야 한다.

평소 사용하고 있는 통장이나 정기예금의 통장을 확인하는 것만으로도 충분하다. 의외로 정기예금이 있는 경우도 많아서 이것을 해약해 보통예금으로 바꿔두기만 해도 자금 사정이 훨씬 나아진다.

돌봄퇴직을 하지 않는 사람은 회사에 자신의 사정을 설명해서 양해를 얻고, 업무 분담을 요청하는 방법을 추천한다. 여기에 공적 돌봄 서비스까지 잘 활용하면 개인적인 시간도 확보할 수 있다. 단기간만 돌봐주거나 낮 동안만 돌봐주는 맞춤형 방문 요양보호사도 있으니, 전문가와 상의하여 자신의 상황에 적합한 서비스를 선택하자.

또한 아직까지는 돌봄 시설에 들어가길 꺼리는 고령자가 많다. 오랫동안 살아서 애착이 가는 내 집과 떨어지고 친구, 가족과 이별해야 하기 때문이다. 이때 부모의 기분을 배려하지 않고 자녀 입장에서 일방적으로 시설 입소를 권하면 당연히 갈등이 일어난다. 차라리 이럴 땐 요양보호사에게 도움을 구하는 것도 좋은 방법이다. 요양보호사들은 신체 돌봄만이 아니라 심리 상담까지 가능하기에, 오히려 이들이 권하면 순탄하게 입소가 진행되기도 한다. 그러니 힘들게 혼자 감당하지 말고, 주변의 도움을 받기를 바란다.

정리하자면, 일단 자금이 얼마이고 협력자는 누구인지부터 확인하자. 그런 다음 '실천 가능한 것'과 '실천이 가능하지 않은 것'으로 나눠서 그에 맞게 대응책을 마련해야 문제를 해결할 수 있다.

갱년기를 겪는 아내의
분노가 폭발하다

갱년기 장애는 평균 51세부터 최고조

여성이라면 대부분 50세 즈음(이르면 30대 후반)부터 심적 동요, 현기증, 몸 여기저기가 아프고 수족냉증을 겪는 등 심신의 이상 증세들이 서서히 두드러지기 시작한다.

일반적으로 폐경 전 5년과 폐경 후 5년을 합친 10년을 '갱년기'라고 한다. 이 시기에 나타나는 여러 증상 중에서도 큰 불편함을 초래해 일상생활에까지 지장을 일으키는 것을 특히 '갱년기 장애'라고 부른다. 폐경이 이른 사람이라면 40대 초반에서, 간혹 더 빠르면 30대 후반인 사람도 있고 늦으면 50대 후반이 되기 때문에 갱년기 장애가 나타나는 시기도 개인차가 있다.

갱년기 장애의 주요 원인은 여성호르몬의 감소인데, 여성호르몬은 폐경이 되면 더욱 감소한다. 즉, 폐경하면 갱년기 장애가 최고조에 이른다. 일본산부인과협회에 따르면, 폐경의 평균 연령은 50.5세이고 이를 반올림을 하면 51세다. 정리하면, 폐경이 시작하는 평균 51세부터 갱년기 장애가 가장 극심해진다고 할 수 있다.

갱년기 여성을 힘들게 하는 1순위 '남편'

독신 여성은 걸리지 않는 병이 있다. 바로 남편이 원인인 '부원병(夫源病)'이다. 오사카 대학의 이시쿠라 후미노부 교수가 이름 붙인 부원병은 남편의 말과 행동에서 유발된 스트레스가 원인이 되어 발생하는 병을 뜻한다.

임신, 출산, 육아 등 환경이 급변하는 과정 속에서 여성은 다양한 스트레스를 받지만, 여성호르몬이 보호막이 되어 이를 지켜준다. 그런데 갱년기에는 여성호르몬이 현저히 줄어들기 때문에 스트레스에 대한 내성도 떨어진다. 부원병이 특히 갱년기의 정신적 병증을 동반하며 심각해지기 쉬운 이유다. 실제 부원병의 대표 증상은 갑자기 숨이 차고, 가슴이 심하게 두근거린다거나 현기증을 자주 겪고, 잠을 이루지 못하는 등 갱년기 장애 증세와 매우 비슷하다.

하지만 의외로 많은 남성들이 아내의 부원병에 대해 무지한 편이다. 부원병은 어느 날 갑자기 걸리는 병이 아니라, 작은 스트레스가 서서히 쌓이다가 폭발해서 생기는 병이다. 나는 수많은 황혼이혼 부부를 상담해오면서, 이혼 위기에 처한 남편들에게는 다음과 같은 사고방식이 공통적으로 존재한다는 걸 깨달았다.

- 나는 돈을 버니까 육아와 살림은 전적으로 아내의 역할이다.
- 재활용쓰레기를 버리고 있으니 그래도 집안일은 돕는 편이라고 생각한다.
- 결혼기념일은커녕 아내의 생일도 기억이 잘 나지 않는다.
- 아내랑 다툴 때마다 '지가 누구 덕분에 밥 먹고 사는데?' 하는 반발감이 든다.

자녀가 커서 독립한 경우라면 특히 더 주의가 필요하다. 부부 두 사람만의 생활이 시작됐기 때문이다. 자녀의 출가 후 둘만 남게 되면 아내에게는 남편의 존재가 이전보다 훨씬 불편하게 느껴진다. 그래서 대개 이 시기에 많은 아내들이 부원병을 심하게 겪는다.

남성에게 닥친 갱년기 장애, '중년비만'과 '발기부전'

갱년기 장애는 여성 특유의 증상이라고들 하지만, 남성도 갱년기 장애를 앓는다. '남성 갱년기 장애'라고도 불리는데, 나이가 들면서 남성호르몬이 감소해서 일어나는 증상이다.

남성호르몬은 심신에 남성다움을 드러내는 물질이다. 남성호르몬으로 인해 수염이 나고 몸에는 근육이 울룩불룩 탄탄해진다. 대개 20~30대에 분비가 왕성하다.

하지만 40대를 지나면 남성호르몬이 점점 줄어든다. 어깨가 떡 벌어지고 탄탄한 근육과 듬직한 힘을 자랑하던 신체는 어느새 팔다리가 가늘어지고 배만 불룩 나온다. 그래서 중년 남성의 대명사라 할 수 있는 '배불뚝이 아저씨'야말로 갱년기 장애가 시작됐다는 사인일 가능성이 높은 것이다.

여성은 폐경이라는 알기 쉬운 증상이 나타나기 때문에 갱년기 장애가 오면 알아차리기 쉽지만, 남성은 눈에 띄는 현상이 나타나지 않는 탓에 갱년기 장애가 왔는데도 자각하지 못하는 경우가 많다.

남성 갱년기 장애를 좀 더 자세히 살펴보면, 기본적으로는 남성에게도 여성과 동일한 증상이 나타난다. 강한 피로감, 얕은 수면, 현기증, 안면홍조, 갑자기 열이 치솟거나 땀이 많이 나는 다한증이 여기에 해당한다. 또한 여성호르몬이 줄어들면 여성의 생식기능이 쇠퇴하듯, 남성호르몬이 줄면 남성도 정자 생성이 힘들어지는 등 생식기능이 떨어진다. 모처럼 잠자리를 하게 되어도 중간에 힘이 빠져 사정에 이르지 못하기도 하는 등 발기부전 같은 성 기능 장애가 일어난다.

이 밖에도 강한 피로감이 엄습하고 무엇을 하려다가도 의욕이 한순간에 사라진다. 회사에 가는 것도 괴로워지고 사람과 만나는 것도 귀찮아진다.

갱년기 장애를 방치하면 우울증이라는 새로운 병을 동반할 위험이 커진다. 이와 관련해 꼭 알아둬야 할 것이 바로 병원 선정이다. 진료과가 바뀌기 때문이다. 흔히 우울증은 마음의 병이기 때문에 정신건강의학과나 신경정신과에 가면 된다고 알고 있다. 하지만 갱년기 장애는 호르몬이 크게 관여하므로 근본적 원인에 접근하려면 남성은 비뇨기과와 내과, 여성은 산부인과에도 가야 한다. '남성 갱년기 외래'나 '여성 갱년기 외래'라고 간판을 내건 클리닉도 있으니 이곳도 방문 후보에 포함하면 좋겠다.

병원이나 진료과를 잘못 찾아가면 오진을 한다거나 필요치 않은 약을 처방받는 등 증상이 악화될 가능성도 있으니 병원 선정의 중요성을 꼭 기억하자.

여성도 남성도 호르몬 감소가 갱년기 장애의 큰 원인이다. 이

말은 호르몬이 줄어들지 않게 하는 게 최고의 예방책이란 뜻도
된다. 폭음폭식을 피하고 일찍 자고 일찍 일어나는 등 규칙적인
생활을 해서 올바른 생활습관으로 정착시키자.

부모님이 돌아가신 후,
유산 상속 다툼이 시작되다

재산이 소액이라도 상속 분쟁은 항상 일어난다

상속이라 통칭해도 이 안에는 다양한 문제가 있다. 사망한 뒤의 재산 승계 절차, 상속 발생으로 생긴 부모와 형제간의 다툼, 상속세 납부가 그것이다. 크게는 '절차', '돈' 그리고 '상속 분쟁'으로 구별할 수 있겠다.

특히 현장에서는 소중한 가족을 잃은 슬픔 속에서 진행해야 하기 때문에 상속이 더욱 쉽지 않다. 처음 경험하는 일이어서 당혹감에 휩싸여 잘못된 판단을 내리기도 쉬워진다. 상속에 관련되는 인물들도 여러 명에 걸쳐 있다. 이번에는 53세 즈음에 일어날 수 있는 부모님의 사망과 그로 인한 상속 분쟁의 유형을 알아본 뒤, 다툼을 최소한으로 하는 방법을 설명하겠다.

'우리 형제는 우애가 정말로 깊으니 괜찮아요', '우리 부모님 은 재산이 없으니 별문제 없을걸' 하고 생각하는 사람이야말로 실제로는 문제가 일어나기 쉽다는 걸 알아야 한다.

상속이 많이 발생하는 때는 아버지가 평균수명 81세, 어머니 가 87세를 맞이하는 즈음이다. 그때 상속인에 해당하는 자식의 나이는 적어도 50~55세일 것이다(물론 평균수명은 해마다 길어지 고 이에 따라 상속받는 자식의 연령도 높아지고 있다).

기혼자라면 자신이 사망했을 때까지 포함해 최대 6회까지 상속을 경험한다. 자신의 부모님 두 분, 배우자의 부모님 두 분, 배우자, 그리고 자기 자신이 이에 해당한다.

실제 현장에서는 재산이 소액이라도 상속 분쟁이 빈번하 게 일어나고 있다. 2019년 가정법원이 다룬 상속 분쟁은 1만 2,785건이다. 그중 가장 집중됐던 재산액은 1,000만 엔 초과 5,000만 엔 이하였고 1,000만 엔 이하도 전체의 3분의 1 정도 를 차지해 꽤 많은 비율을 차지했음을 알 수 있다(표4 참고).

'우리 집은 다툼이 될 만한 재산 같은 게 없어요.' 이런 생각 을 했다면, 상속 대책에 게으른 사람이 면피하고자 하는 변명일 뿐이다. 상속 분쟁은 해당 자산이 설령 수백만 엔밖에 되지 않 더라도 일어나려면 일어나는 법이다.

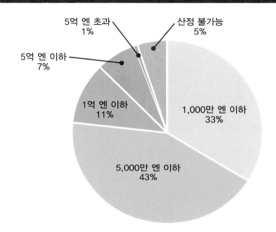

표4

상속 분쟁에서 쟁점이 된 재산액의 비율

5억 엔 초과
1%

산정 불가능
5%

5억 엔 이하
7%

1억 엔 이하
11%

1,000만 엔 이하
33%

5,000만 엔 이하
43%

※출처: 사법통계연보 유산분할사건 중 허용·조정성립 건수 참고(2019)

간병 문제, 수입, 재정 상황 등등 다툼의 원인은 많다

그렇다면 상속으로 분쟁이 발생한 경우, 법원은 어떤 근거에 기반해 재산 분할의 판단을 내리는 걸까? 상속에는 민법이 적용된다. 특히 일본의 상속에 크게 영향을 주는 것이 '법정상속'이다. 피상속인의 유언이 있으면 그 유언에 기재된 내용이 변동 없이 그대로 최우선시된다.

하지만 유언을 기록으로 남기는 사람은 전체의 겨우 8퍼센트로, 대부분은 유언 없이 상속이 발생한다. 그렇게 되면 배우자와 자식 모두가 상속인이 되어 어떻게 재산을 나눌지 대화하는 '유산분할협의'를 거치게 된다. 이런 과정을 거쳤는데도 정리되지 않을 경우에는 가정법원이 조정을 위해 개입하는 '유산분할조정'으로 진행한다.

유산분할조정으로도 협의가 이루어지지 않으면 재판관이 유산분할 방법을 법정상속분에 준해 결정하는 '유산분할심판'을 한다. 상속재산을 나눌 때의 우선순위를 정리하자면 다음과 같다.

1. 유언 (가장 바람직하다)
2. 유산분할협의 (상속인들이 정한다)
3. 유산분할조정 (시간이 걸린다)
4. 유산분할심판 (시간이 상당히 걸리고 당사자들의 마음에 앙금도 남는다)

전국에 돌봄필요(지원필요) 단계에 해당하는 사람이 무려 679.8만 명 있다. 돌봄 시설에 들어가 있는 사람일지라도 때로는 친족의 도움이 필요한 경우도 있을 것이다. 그 친족 중에는 돌봄에 적극적으로 관여하는 사람과 거의 관여하지 않는 사람이 당연히 존재한다. 돕고 싶어도 멀리 떨어져 살아서 물리적으로 돌볼 수 없는 사람도 있을 것이다.

반면 돌봄 활동이 가능한 상황임에도 비협조적이면서 참견은 하려는 사람도 있다. 돌봄 활동을 하고 있는데도 재산분할 때 그 기여를 인정받지 못하면 상속 때 분쟁이 일어나는 것도 이상하지 않다.

게다가 형제간의 격차는 문제를 더욱 복잡하게 만든다. 같은 형제자매라 해도 각자 자립해서 살다 보면 다양한 이유로 소득과 생활의 여유가 달라지고 여기서 비롯되는 생각의 차이 때문에 그렇다. 아무리 코로나 시국이라 해도 대기업에서 근무해서 안정적인 사람이 있는가 하면 하루하루가 불안한 자영업자도 있는 것처럼 말이다.

형제간에 얼굴 볼 기회가 줄어든 것 역시 오늘날에는 흔해서 서로의 일을 잘 모르거나 평소 의사소통이 충분치 않았던 경우도 있다.

다음은 지금까지 상담했던 경험을 기반으로 상속 분쟁이 일어나기 쉬운 가정의 상황을 체크리스트로 만든 것이다. 자신의 가족은 얼마나 위험한가? 5개 이상을 체크했다면 주의가 필요하다.

☑ 우리 집의 상속 분쟁 위험도 체크리스트

10개 중 5개 이상: 위험 높음   4개 혹은 3개: 약간 위험   2개 이하: 주의 필요

☐ 부모의 재산이 집과 현금을 포함해 총 5,000만 엔 이하다.

☐ 부모가 재산을 절대로 물려주기 싫어하는 상속인이 있다.

☐ 부모를 돌보는 일을 자녀 중 한 사람이 거의 도맡아 하고 있다. 다른 형제
는 참견은 하지만 돌봄 활동을 거의 하지 않는다.

☐ 부모가 유언장을 작성하지 않았다.

☐ 부모가 공동명의의 부동산을 소유하고 있으나 자산가치가 없어서 매각이
어렵다.

☐ 이미 배우자와 장남이 재산을 거의 독차지했다. 다른 형제의 것은 거의
없다.

☐ 부모가 치매에 걸렸다. 혹은 치매예비자다.

☐ 상속인의 배우자가 재산을 노리고 있다. 혹은 참견을 한다.

☐ 부모가 생전에 다른 형제에게는 비밀로 하고 생전증여, 교육자금증여, 원
조를 하고 있다.

☐ 부모가 재혼했으며, 데려온 자녀가 있다.

아버지의 사망보다 어머니의 사망 때가
훨씬 더 분쟁이 일어나기 쉽다

상속 분쟁은 '형제간의 전쟁'이라 할 수 있는 상황까지 확대되기도 한다. 그런데 한 가지 특이한 점은, 상속 분쟁이 재산을 형성한 아버지가 사망했을 때는 거의 발생하지 않다가 오히려 어머니가 사망했을 때 비로소 드러난다는 것이다. 왜 그럴까?

아버지가 사망했을 때는 대개가 처음 겪는 상속이다. 슬픔 속에서 장남이 중심이 되어 세무사와 협력해 상속 절차를 진행하는 경우가 대부분이다. 담담히 끝나는 경우도 많다.

이에 반해 어머니가 사망했을 때는 분쟁이 발발할 가능성이 높다. 이와 관련된 사례 하나를 소개하겠다. 고객 중 한 분이 아버지가 막대한 재산을 남기고 사망했다. 어머니는 재산에 흥미가 없고 잘 알지도 못하는 상태이며, 장녀와 차녀는 워낙 바빴던 탓에 상속 절차를 모두 장남에게 맡기고 있었다. 게다가 유언도 없었기 때문에 어머니와 자녀들은 상의해서 재산을 나누는 방법을 결정하는 '유산분할협의서'를 작성하기로 했다.

그러던 중, 매월 40만 엔의 수입이 나오는 임대부동산에서 뜻밖의 문제가 터졌다. 장녀와 차녀는 당연히 어머니의 계좌로 임대수입이 들어오리라 생각했었는데, 알고 보니 그 돈을 어머니와 상의도 없이 모두 장남이 관리하고 있었던 것이다. 이에 차녀가 그 수익을 어머니에게 돌려주라고 부탁해도 장남은 '내가 잘 관리하고 있으니까 괜찮다' 하며 거절했다.

더욱 놀라운 것은, 상속이 발생하고 채 1년이 되지 않았을 때 어머니가 손자인 장남의 자녀들에게 교육자금증여를 위한 수속을 밟고 있던 사실이 드러났다. 손자 2명에게 총액 1,000만 엔이었다. 언제 증여를 했는지 물어도 어머니는 수속 자체를 모른다고 말했다. 엎친 데 덮친 격으로 어머니는 치매 의심 증상도 있기 때문에 이제 와서 유언을 준비하는 것도 불가능했다. 장녀와 차녀는 배신감에 차올랐지만 그녀들이 뒤늦게 할 수 있는 일은 없었다.

부모가 치매에 걸릴 확률이 높다면
더욱 주의해야 하는 이유

이러한 분쟁을 회피하기 위해서는 단연 유언이 효과적이다. 단, 치매라고 의심이 가는 중에 밟은 절차는 오히려 상속 분쟁을 불러일으킬 수 있다. 유언의 유효성을 다툴 때는 '유언무효확인소송'을 한다. 이 재판에서는 피상속인이 유언을 했을 당시에 판단능력이 있었는가를 초점으로 다툰다.

그런데 이 '판단능력의 유무'를 증명하는 게 쉽지 않다. 실제

나에게도 상속 발생부터 유언무효재판을 통해 해결이 될 때까지 5년이나 걸렸던 고객 사례가 있었다. 그리고 자필 유언뿐만 아니라 공증사무소에서 공증인의 입회하에 작성된 이른바 공정증서유언일지라도 분쟁이 될 수 있다. 공증인도 분쟁에 휩쓸리기 싫기 때문에 재판에 증인으로 출석하지 않기도 한다.

내가 관여했던 상담 건에서도, 다른 지방의 공증사무소에서 유언 절차를 밟고 있을 때 비디오카메라로 기록을 남기는 것이 조건인 경우도 있었다(참고로 카메라 촬영은 법적 의무 사항은 아니다). 문제에 개입되었을 때의 설명 자료로서 이 공증사무소가 독자적으로 판단해 결정한 것이다. 의사의 진단서에 추가해서 피상속인 본인의 의사능력이 있다는 증거를 비디오카메라로 남기는 것이 치매 의심 또는 치매 초기 단계에서 필요하다는 사례가 증가하고 있다. 그런 문제가 많이 발생하고 있기 때문이다.

상속 분쟁의 문제를 방지하기 위해서는 상속 관련 전문가의 협력을 얻는 게 좋다. 상속 전문가라고 하면 세무사나 변호사를 떠올리는 사람이 많다. 하지만 의사가 내과나 외과, 안과, 이비인후과 등 전문이 나뉘어 있는 것처럼 변호사와 세무사도 자신들이 잘하는 분야와 그렇지 못한 분야가 있다. 그러니 세무사와 변호사라 해서 반드시 상속의 전문가라고 단정할 수 없다는 사실을 명심해야 한다.

아파트는 상속세를 절세할 수 있지만
잘못된 선택을 만회하지 못할 수도 있다

상속 대책이라 하면 오로지 절세만을 신경 쓰는 사람이 있는데 절세만 지상 최대의 목적으로 삼다가는 자칫 남겨진 가족이 '잘못된 재산'을 이어받게 될 수도 있다.

상속 대책에서 빈번하게 다뤄지고 있는 것이 아파트 구입이다. 아파트를 활용한 절세 방식은 다음과 같은 게 일반적이다.

현금이 1억 엔 있을 경우, 상속세 계산의 기본이 되는 상속세 평가액은 액면 그대로 1억 엔이다. 그런데 이 1억 엔으로 수익 부동산인 아파트를 구입 혹은 건축하면 아파트의 상속세 평가액이 약 3분의 1로 줄어든다.

대출금으로 구입한 경우, 상속세 절세의 장점이 더욱 커진다. 늘어난 재산에서 대출금을 빼고 나서 평가액을 산출하기 때문이다. 이렇게 하면 확실히 계산상으로는 상속세를 큰 폭으로 절세할 수는 있다. 하지만 아파트를 세 놓은 본래의 목적은 집세 수입을 지속적으로 얻기 위해서였을 것이니 부동산 임대업으로 대응할 필요가 있다.

그런데 이론과 실제는 언제나 똑같지만 않은 게 문제다. 절세의 장점만 추구하느라 임대수요가 없는 지역인데도 아파트가 난립한 경우가 드물지 않다. 지방을 방문했을 때 논밭 한가운데에 아파트가 덩그러니 서 있어서 '저기에 왜?' 하며 의아해한 적이 있지 않은가? 거의 대부분이 절세 목적의 아파트다.

부동산 회사는 공실 위험에 대처하기 위해 차용 보증인 전대리스('서브리스'라고도 한다. 물건이나 시설을 직접 수요자에게 빌려주는 직접리스(direct lease)에 상대되는 개념으로, 물건이나 시설을 임대한 사람이 계약기간을 채우지 못할 경우 남은 계약기간 동안 다른 사람에게 재임대하는 것으로 간접리스에 포함된다–역주) 계약을 맺고 있는데, 부동산 회사는 약속한 집세가 영원히 지속되리라 장담할 수 없다. 계약서에는 몇 년 후에 집세 재조정을 한다는 조항이 들어 있고 부동산 회사가 보증금을 낮추라고 요구해올지도 모른다. 게다가 지은 지 10년이나 지나면 건물의 수리비용도 더 들지 않겠는가. 또한 장래 금리상승의 위험도 반드시 고려해야 한다. 임대수요가 없는 지역에 절세를 위해 아파트를 건축하는 것은 상속 대책으로는 실패의 왕도다.

정년은 늦어지는데
월급은 줄고, 직책도 낮아진다

늘어난 인건비를 억제하려는 회사의 대응책, '직위정년'

55세 직위정년은 예전의 정년 연령과 깊은 관계가 있다. 지금은 정년 연령이 65세로 정해져 있지만 1970년대는 55세 정년이 일반적이었다. 이것이 1980년대 때 노력 의무 사항으로 정년 연령이 60세로 바뀌었고, 현재는 65세까지 고용 기회 확보가 의무화되었다.

회사 입장에서는 정년이 연장되면서 늘어난 인건비를 어떻게든 억제하고 싶어질 테고 그 대응책으로 만들어진 것이 직위정년이다(우리나라의 경우, '임금피크제'라고 불리며 정년보장형, 정년연장형, 고용연장형의 세 가지로 분류할 수 있다. 여기서는 '고용연장형 임금피크제'와 같다-역주).

일반적으로 팀장직, 부장직은 40~50대에 걸쳐 있는 경우가 많으며 경영자 입장인 간부와 젊은 부하 직원의 사이에서 원활한 업무 수행을 통해 성과를 올려야 하는 중간 간부직을 맡는다. 해마다 높아지기만 하는 달성 목표 수치, 여전히 일처리가 어설픈 부하 직원과의 관계와 고민들은 이미 숱하게 겪었다. 그런 과정들을 겪어내고 잘 넘겼다고 생각했는데 나이를 이유로 갑자기 직위에서 제외되면서 임금도 큰 폭으로 감액되고 만다.

개인적으로 견디기 힘든 일이긴 하지만, 회사의 원활한 기업 활동을 생각하면 이해가 안 되는 것도 아니다. 세계 유수의 대기업인 도요타마저도 임금을 해마다 올리는 연공서열 방식에 메스를 댄다고 발표했다. 기업도 존속을 위해 변화하지 않으면 안 되는 숙명이 있는 것이다. 실제로 직위정년을 제도로 도입하고 있는 기업은 많고 임금 삭감 폭은 약 20퍼센트가 평균이다.

직위정년 후의 업무내용도 일할 의욕을 꺾는 원인이 되고 있다. 일본 인사원의 조사에 따르면, 직위정년 대상자들 중 약 50퍼센트가 원래 하던 일에서 변화가 없었다고 답했다. 즉, 업무내용은 그대로인데 임금만 큰 폭으로 줄어드는 것이다. 막상 자세히 따져보면 완벽히 동일하지도 않다. 지금까지 업무를 보조해주던 부하 직원이 없이 혼자서 모든 업무를 완결해야 한다. 간부직으로 일했던 사람들 중에 회사의 택배가 어디에 보관되어 있는지, 택배 요금은 얼마인지 자신 있게 대답할 수 있는 사람이 과연 몇이나 될까. 비록 사소해 보이지만, 직위정년 이후일수록 이런 일을 제대로 못했다간 금세 '무능한 사람' 취급을 당하기 쉽다. 그러니 이제부터라도 부하 직원이 해오던 회사의 작은 일에도 세심한 주의를 기울이고, 일반적인 사무도 스스로 하는 습관을 길러 다가올 상황에 대비해야 한다.

직위정년을 맞이하기 전에 반드시 챙겨야 할 3가지

자, 당신의 연수입이 20퍼센트 정도 줄어든다면 가장 먼저 어떻게 해야 할까? 매월 들어가는 생활비부터 이와 동일하게 줄여야 한다. 매달 나가는 지출을 인생 최고의 연봉을 받던 시절에 맞추고 유지하려 한다면 예금, 적금, 상여금을 몽땅 깨서 구멍 난 생활비의 적자를 메꾸는 생활이 계속될 것이다.

만약 55세라면 자녀가 대학생 정도 되는 사람도 많을 텐데, 지금도 교육비가 충분히 드는 데다 앞으로 얼마나 더 들어갈지도 알 수 없는 노릇이라 불안할 것이다. 특히 고등학교 3학년과 재수학원을 다니며 다시 기회를 노리는 재수생, 국립·사립대 의학과라면 이들 사이에도 상당한 학비 차이가 난다.

그러나 정신만 똑바로 차리면 살아날 방법은 있다. 직위정년은 갑작스러운 권고사직이 아니기 때문에 일어날 가능성과 시기가 언제일지 예측할 수 있다. 다시 말해, 실제 일어나기 훨씬 전부터 가계 수입의 80퍼센트만 가지고 살림살이가 돌아갈 수 있도록 설계해두면 된다.

부동산 투자를 검토하고 있는 사람도 직위정년 시기까지 일단 투자를 실행하지 않으면 곤란한 일이 생길 수 있으므로 주의하자. 부동산 투자 등을 위해 대출을 이용하는 경우, 수입에 따라 빌릴 수 있는 액수가 달라지기 때문이다.

직위정년 시점에서 내 집을 마련하는 사람은 그리 많지 않을 테지만 좀 더 좋은 집으로 갈아타기 위해 대출이 필요할 수 있고, 이때 당연히 연수입에 연동된다. 이런 문제를 대비할 방법은 직위정년으로 수입 감소가 일어나기 전에 대출을 받아두는 것이다.

직위정년은 건강에도 어두운 그림자를 드리운다. 지금까지 부하 직원이 있었고 부장직 혹은 팀장직을 구가하던 사람에게 들이닥친 직위정년은 임금이 감액되는 것 이상으로 심적 영향을 크게 미친다. 특히 신입사원으로 입사해 이날 이때까지 한 회사에서 장기 근속했던 사람이라면 더욱 냉혹하게 느끼지 않을까. 처우든 환경이든, 그 변화에 적응하지 못할 가능성이 높기 때문이다.

회사에게는 우리 인생을 끝까지 보장해줄 이유가 없다. 회사도 회사 나름의 상황이 있는 것이다. 그러니 차라리 '드디어 매출 압박에서 벗어났다! 이제 내 삶을 제대로 바라보며 하루하루를 나답게 살아보자' 하고 생각을 전환하는 편이 건강에도 좋다.

기억하자. 직위정년은 인생의 종착지가 아니다. 그냥 통과 지점일 뿐이다. 특별급행열차에서 완행열차로 갈아타면 이때까지는 볼 엄두도 못 냈던 주변 풍경이 잘 보인다. 직위정년은 정년 이후의 충실한 삶을 제대로 보내기 위한 훌륭한 도움닫기 기간이 될 것이다.

황혼이혼
위기에 봉착하다

어느 날 갑자기 이혼을 선언하는 아내들

부부 3쌍 중 1쌍이 이혼을 한다는 이야기가 종종 들리는데 이는 어디까지나 형식상의 이혼이다. 따로 별거를 하지 않아도 두 사람의 마음이 갈라지면 이미 이혼한 상태라고 할 수 있다. 한 기관의 조사에 따르면, 30대 기혼 여성의 70퍼센트는 남편에게 불만이 있고, 그 불만을 가진 채 노후를 맞이한다. 실제로 50대 기혼 여성을 대상으로 조사해봐도 동일하게 약 70퍼센트가 여전히 남편에게 불만이 많다고 답했다. 이렇게 놓고 보면 마음의 이혼은 3쌍 중 2쌍이란 수치가 되지 않을까 싶다.

　인생의 황혼기에 접어들면 갑자기 아내가 이혼을 선언할 가능성이 있다. 그리고 유감스럽게도 남편은 아내의 이혼 선언을 거의 뒤집을 수 없다. 1960년대 전반기의 이혼 건수는 연간 약 7만 쌍이었던 것이 해마다 상승해 2002년에 약 29만 쌍이라는 최고점을 찍은 뒤 서서히 감소해 지금에 이르고 있다. 그러나 중요한 사실은 이혼 수 자체는 감소하는 경향을 보이지만, 정작 황혼이혼은 늘어나고 있다는 점이다. 50세 이상의 이혼 건수는 1990년에 약 2만 쌍에서 2000년에 2배 이상 급증했다. 전업주부가 당연하던 예전 시대에서 벗어나 여성의 사회 진출이 활발해지고 맞벌이가 당연해지면서 여성에게도 생활력이 생겼고, 이로 인해 자연스럽게 이혼을 선택하는 여성이 많아진 것이다.

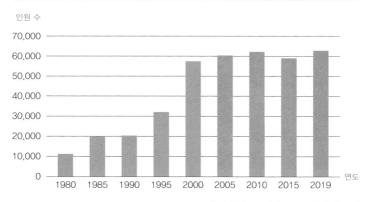

표5

50세 이상 이혼 건수의 추이 (남성·여성 합산)

인원 수

※출처: 후생노동성 '인구동태조사' 참고(2019)

의외로 많은 남편들이, 시간제 근무를 하거나 전업주부인 아내가 감히 이혼을 하고 싶다는 생각을 어찌 하겠느냐는 착각들을 한다. 설령 이혼을 하고 싶다 결심할 순 있어도, 막상 혼자서 먹고사는 문제를 해결하지 못할 것이라며 아내의 생각을 대수롭지 않게 여기는 경우도 허다하다. 유감스럽게도 지금은 그런 시대가 아니다.

법정이혼사유로 인정되는 경우와 위자료

황혼이혼을 하자 했을 때 상대방도 의사가 같으면 물 흐르듯 진행되겠지만, 한쪽이 이혼을 바라지 않거나 이혼 조건 등에서 타협이 성사되지 않는 경우는 가정법원에 이혼조정 신청을 해야 한다.

가정법원이 이혼을 인정하려면 다음의 '법정이혼사유' 다섯 가지 중 어느 하나에 해당돼야 한다. 실제 황혼이혼에서는 5번의 경우가 가장 많다.

1. 배우자가 부정한 행위(불륜)를 저질렀을 때
2. 배우자가 악의로 동거 · 협력 · 부조의 의무를 유기했을 때
3. 배우자의 생사가 3년 이상 불명일 때

4. 배우자가 중증도의 정신병에 걸려 회복의 가능성이 없을 때

5. 기타 혼인을 유지하기 어려운 중대한 사유가 있을 때

또, 3년이나 별거 중이라면 법정이혼사유로 인정된다고 알고 있는 사람들이 많다. 그러나 이 역시 상대방이 거부하면 성립되지 않는다. 그렇다 하더라도 3년이나 떨어져서 지냈다는 말은 이미 두 사람의 마음이 이혼하는 쪽으로 굳어진 것이나 마찬가지이므로 실제로 결과만 놓고 봤을 때 어렵지 않게 이혼이 성립된다.

위자료의 경우, 1번 사유처럼 배우자가 불륜을 저질렀을 때는 일반적으로 100만~300만 엔으로 형성된다. 부정행위를 포함한 불륜이 아니더라도 가정 내 폭력이나 생활비를 주지 않는 등 DV(일본에서 쓰는 용어로 'Domestic Violence'의 줄임말이다. 배우자나 연인 등 친밀한 관계에 있거나 있었던 자가 휘두르는 폭력을 의미한다-역주)도 유책 행동으로 인정되어 위자료의 대상이 된다.

이혼 후 재산 분할이 결정되어도 못 받는 경우가 있다

이혼을 하면 원칙적으로 그 재산을 나눠 갖게 된다. 단, 이혼에 따른 재산 분할의 대상이 되는 것은 '혼인기간 중 상호 협력에

의해 취득한 재산'이다.

예를 들어 프로야구 선수라고 했을 때 스타급 플레이어라면 연봉이 수억 엔이다. 광고 모델이라도 되면 추가 수입이 발생해서 자산을 단숨에 수십억 엔이나 쌓는 경우도 있다. 하지만 35세에 현역에서 은퇴하고 남들 다 하는 코치 활동도 하지 않아 수입 한 푼 없이 있다가 결혼을 했다고 하자.

이 부부가 이혼했을 경우 재산 분할은 어떻게 될까? 야구 선수가 결혼 전 현역 시절에 쌓은 수십억 엔의 자산은 분할 대상이 되지 않고, 결혼 직후부터 만든 재산만 대상이 된다. 즉, 무수입 시절부터 계산을 하기 때문에 분할되는 재산은 0인 셈이다. 참고로 상속 때의 유산 분할이라면 결혼 전의 재산도 포함해 그 대상이 된다. 단, 결혼 후의 재산일지라도 부모에게 받은 상속 또는 증여된 재산일 경우, 해당 자산은 이혼 때 재산 분할의 대상이 되지 않는다.

이처럼 이혼할 때 모든 재산이 분할 대상이 되는 것은 아니다. 재산 분할의 대상이 되는 재산과 그렇지 않은 재산을 정리하면 다음과 같다.

재산 분할의 대상이 되는 것

- 현금, 예·적금(혼인 후의 것이라면 명의인이 누구건 상관없다)

- 유가증권(주식, 채권 등)

- 부동산(토지, 건물 등)

- 가구 및 가전제품

- 자동차

- 금전적 가치가 높은 물품(골동품, 미술품, 보석, 옷 등)

- 골프 등의 회원권

- 보험료(생명보험, 손해보험, 학자보험 등)

- 퇴직금 및 연금

- 부채(주택대출금, 자녀의 학자금 대출 등)

재산 분할의 대상이 되지 않는 것

- 혼인 이전에 각자가 취득한 재산(부채 포함)

- 각각의 가족 및 친족으로부터 증여된 또는 상속된 재산(혼인 기간 포함)

- 혼인 후, 취미나 게임 등을 위해 개인적으로 받은 대출

- 별거 후에 각자가 취득한 재산

　　퇴직금이 아직 지급되지 않은 경우라도 장래에 지급될 것이 거의 확실하게 예상되는 경우는 재산 분할의 대상이 된다. 하지만 퇴직금의 전액이 분할 대상이 되는 게 아니라 어디까지나 혼인 기간에 따른 부분만 대상이 된다는 사실을 기억하자.

또, 재산 분할에서 가장 큰 문제가 되는 재산이 '자택'이다. 일반적으로 자산 가치가 가장 크기 때문이다. 자택을 매각해서 채무 잔액(대출 변제 중이거나 변제하지 않은 차입금의 잔액)을 빼고 나서 두 사람이 현금을 나누는 게 통상이다. 매각 가치가 채무 잔액을 상회하는 경우는 문제가 발생하지 않는다. 둘이서 나누면 되기 때문이다.

한편 채무 잔액이 매각 가격보다 높을 경우, 법원은 원래부터 재산 분할의 대상이 되지 않는다고 판단하고 있다. 그리고 어느 한쪽이 계속 거주를 희망한다면 상대의 채무 잔액을 승계하고 명의변경을 하는 것도 가능하다.

주택 구입 당시의 가격이 3,000만 엔의 경우로 예를 들어 보겠다. 이혼 때의 매각 가격은 2,000만 엔, 대출 잔액은 1,000만 엔, 재산 분할의 비율은 남편과 아내 각각 50퍼센트라고 하자.

우선 재산 분할의 대상이 된 자산의 평가액은, 구입 가격이 아니라 매각 가격이기 때문에 2,000만 엔이다. 그런데 두 사람이 나눠 갖는 것은 플러스 자산만이 아니다. 남은 채무 1,000만 엔도 똑같이 절반씩 나눠 갖는다. 따라서 남편도 아내도 각각 자택 매각 금액인 2,000만 엔의 절반 즉 1,000만 엔을 갖고, 남은 채무 1,000만 엔의 절반인 500만 엔도 갖는다. 정리를 하자면, 결국 남편도 아내도 각각 1,000만 엔-500만 엔=500만 엔이 수중에 남는다. 만일 아내가 그 집을 자신의 명의로 하고 싶다면 남편에게 대출 잔액의 절반인 500만 엔을 지불하고 남편의 양해를 구할 경우, 그 집은 아내 명의로 할 수 있다.

아내에게는 든든한 내 편이지만
남편에게는 골치 아픈 '혼인비용'

황혼이혼에서는 혼인비용의 존재도 크다. 혼인비용이란, 통상적으로 사회생활을 유지하기 위해서 필요한 비용을 말하며 생활비만이 아니라 주거비, 학비까지도 포함한다. 황혼이혼의 경우 자녀를 다 키웠기 때문에 아내가 다른 거처에 지낼 가능성이 높고, 그렇게 되면 이혼 협의 중일지라도 아내의 주거비를 남편이 부담하게 되어 있다.

일본 민법 760조에는 혼인비용에 관해 '부부는 해당 자산, 수입 그 외 일체의 사정을 고려해서 혼인에서 발생하는 비용을 분담한다'고 적혀 있다. 혼인비용은 법원에서 계산해 산출하며, 이에 따라 지불액이 자동적으로 결정된다.

그런데 만약 이혼 협의가 3년 정도 걸렸을 경우, 도중에 발생하는 혼인비용도 계속 지불해야 한다. 이혼이 성립하면 남편의 재산은 절반으로 깎이고, 여기에 변호사 비용까지 추가되면, 남편의 정년퇴직 이후의 생활비 계획은 단박에 무산된다. 아내의 입장에서는 지금까지 수십 년 동안 참고 살아야 했던 것이 변호사의 도움과 민법의 규정들을 통해 구제된다. 이처럼 법은 결국 '알고 있는 사람의 편'이다.

재산을 받았다고 해서 절대 안심하면 안 되는 이유

자녀 양육도 집안일도 거의 아내에게 일임하다시피 살아온 남편이라면, 커피 한 잔 타는 일에도 우왕좌왕할 것이다. 비즈니스맨으로서 자기관리는 최고였을지 모르겠지만, 아내 없이 집안에서의 일상생활이 제대로 될 리 만무하다. 음식도 대충 때워 충분한 영양 섭취와 멀어지고, 외출이 줄어들어 사회적으로 고립되면서 노화가 빨라지고 정신적으로 우울증이 생길 가능성이 높다.

아내 역시 이혼을 통해 자산도 연금도 절반씩 받았다고 해서 결코 안심할 수는 없다. 일단 연금을 받게 됐다 해도 그 액수는 매우 적다. 주거 상황 역시 긍정적이진 않다. 헤어진 남편이 그집에 공짜로 살게 해 줄 리가 없기 때문이다. 그렇게 마음씨 좋은 남편이라면 애초부터 이혼도 하지 않았을 것이다. 함께 생활했던 자택을 매각해 세금을 납부하고, 남은 돈을 둘이 각각 절반으로 나눴다면, 내 수중에 들어오는 돈은 2,000만 엔이다. 그 돈으로 집을 빌렸을 경우, 60세에 이혼했다 치면 80세 즈음에는 '집세 10만 엔×24개월', 벌써 합계가 2,400만 엔이다. 그러면 이후에는 자금이 더 줄어서 더 이상 남의 집을 빌려서 살 수 없게 된다. 여성은 2명 중 1명 꼴로 90세까지 사는 시대이기 때문에 80세 즈음이라 해도 살아야 할 날이 아직 남아 있다.

한편 이런 이야기는 남성에게도 동일하게 적용된다. 두 사람 다 자신의 본가에서 살 수 있는가, 본가를 상속받을 수 있는가 역시 상황을 변동시키는 요소가 될 것이다.

황혼이혼을 피하는 의외의 비밀병기, 반려동물

부부라 하지만 원래는 완벽한 타인이었다. 오래도록 함께 살려면 서로를 이해하는 등 부부관계를 원만히 만들어가려는 노력이 필요하다. 이때 노력은 결혼기념일에만 달랑 고급 레스토랑에 가는 것을 의미하는 게 아니다. 서로에 대한 배려를 매일같이 쌓아가야 한다.

그렇다고 해서 50~60대가 된 마당에 자신의 성격과 생활습관을 하루아침에 바꿀 수는 없다. 마찬가지로 상대방에게 바꿀 것을 요구하는 것도 무리가 아닐까 싶다. 아이가 성장해 독립하면, 대개는 빈집이라고 여겨질 만큼 대화 없는 조용한 집이 된다. 달리 말하면, 아이를 키운다는 것은 어떤 의미에서는 부부 간 소통의 계기였는지도 모른다. 이러한 맥락에서 따지면, 반려동물을 키우는 일이 황혼기 부부가 원만하게 지낼 수 있는 비결이 될 수 있다.

실제로 내가 만난 고객들 중 70대에도 사이가 좋은 부부들은 대개 강아지나 고양이를 키우고 있었다. 반려동물이 공통의 화젯거리나 관심사가 되기 때문이다.

반려동물이 주는 긍정적인 효과는 이뿐만이 아니다. 나 역시 시바견을 키우고 있는데, 매일 아침 함께 산책하다 보니 자연스럽게 운동을 하게 되고 건강도 좋아졌다. 또 독립한 자녀가 반려동물이 보고 싶어 전보다 자주 본가에 찾아오기도 한다. 이처럼 반려동물은 의외로 노후를 환하게 밝혀주는 에너지가 되어줄 수 있다.

코로나 시국으로 인해 점점 더 고조되는 부부 갈등

코로나19로 인해 불안정한 사회적 분위기가 지속되면서 생활에 다음과 같은 변화가 일어난 가정이 많다.

1. 남편의 수입이 줄었다.

2. 재택근무로 둘 다 집에 있지만, 남편은 가사와 자녀교육에 참여하지 않는다.

3. 아내는 저녁식사는 물론, 점심식사까지도 매일 차려야 해서 힘들다.

4. 스트레스 탓에 남편의 폭언과 폭력이 늘었다.

5. 일이 줄어서 정신적으로도 금전적으로도 힘든데 상대는 알아주지 않는다.

정년 걱정은커녕 한창 일할 나이인데도 코로나 때문에 노후가 일찍 찾아오는 경우가 빈번해지고 있다. 정년퇴직을 하면 아내가 평일 점심을 챙겨주지 않을 것 같아 불안해하는 남편도 적지 않다. 솔직히 나도 같은 연배라서 전혀 남의 일 같지 않다. 이러한 상황에서 노후의 부부 생활이 지속될 수 있을까.

한편으론 사이가 좋아진 집도 있다. 코로나의 영향으로 지인과 술 한잔하러 가는 빈도가 줄었다, 아이와 함께 있는 시간이 늘었다 등 가족에게 긍정적인 영향으로 작용한 경우도 있다. 어찌됐거나 황혼이혼은 특히 서로에 대한 이해, 말과 행동이 하루하루 켜켜이 쌓이는 것과 관계가 높다는 사실만은 틀림없다. 평소 부부의 사이가 좋았다면 코로나가 원인이 돼서 이혼하는 일은 당연히 없었을 테니 말이다.

연수입은 절반으로 뚝, 일은 신입사원급으로 돌아가다

정년 이후 당신에게 닥칠 진로 4가지

60세에 정년을 했다 해서 금방 연금을 받을 수 있는 것은 아니다. 현재 일본의 연금 수급은 원칙적으로 65세부터다. 따라서 공무원과 회사원은 60세 이후의 5년을 잘 보내야 한다. 이때는 오히려 정년이 없는 자영업 쪽이 5년을 기다리는 게 좀 쉬울지 모르겠다. 많든 적든 수입이 있으니 말이다.

이에 국가는 '고령자채용안정법'을 제정해 해당자가 희망하면 65세까지 계속 일할 수 있는 세상을 만들었다(모든 기업이 의무화되는 것은 2025년 4월부터다). 그러나 실제는 좀 다르다. 고령자채용안정법 때문에 많은 기업은 정년을 끌어올리는 게 아니라 '계속고용제도'를 도입한 것이다.

계속고용제도란, 일단 60세에 정년퇴직을 해서 퇴직금을 지급하고, 그 뒤 재고용이라는 이름으로 계약직 직원이 되는 형식이다. 또한 노력 의무 사항으로서 기업이 직원에 대해 70세까지 취업기회 확보를 하도록 요구하고 있다. 즉, 연금 수급 개시 연령을 더욱 높이려는 기반이 이미 갖춰져 있는 것이다.

물론 정년퇴직해서 다른 회사로 전직하거나 혹은 창업을 할 수도 있다. 따라서 정년 후의 진로를 정리해보면 대개 다음과 같이 네 가지로 나눠볼 수 있다.

- 재고용
- 이직
- 창업
- 조기은퇴(일에서의 해방)

퇴직 후 재고용, 이직, 창업, 조기은퇴 등 네 가지 시나리오 가운데 과연 어느 것을 골라야 정답일까? 각각의 특징을 알아보고, 자신에게 가장 적합한 진로가 무엇일지 생각해보자.

진로 1. 재고용: 불안요소가 가장 적은 안전한 패

재고용은 퇴직 후 수입이 다른 선택지에 비해 매우 안정적이며,

따라서 가장 권장하는 유형이다. 회사, 업무내용, 직장환경, 인간관계 어느 것 하나 익숙하지 않은 게 없고 지금까지 쌓아온 신뢰관계도 그대로 유지해 활동할 수 있어 위험 리스크가 거의 없다. 후생노동성의 '2018년 고령자의 고용상황 집계결과'를 보면 60세가 정년인 기업에서 정년 도달자 중 84.4퍼센트가 계속고용자라고 한 사실에 근거해, 실제로도 약 80퍼센트가 같은 회사에서 재고용되어 일을 계속하고 있다고 볼 수 있다.

다만, 업무내용이 같더라도 임금은 이전과 같지 않다. 회사는 원래 60세 정년을 준비하고 있었지만 정부의 권장으로 65세까지 고용을 연장하고 있기 때문이다. 같은 임금을 지불한다면 앞으로의 성장을 기대할 수 있는 20~30대를 고용하고 싶은 게 본심이 아닐까. 따라서 재고용은 임금이 절반으로, 아니면 3분의 1 정도 낮아지는 것을 각오해야 한다. 고용 형태도 1년 단위 계약이 주류다.

또한 수입 감소 이외에 신경 써야 할 것이 '마음가짐'이다. 지금까지는 사내 직위가 있어서 존재감이 강한 업무를 맡아 했겠지만, 재고용 후에는 단조롭고 눈에 띄지 않는 업무를 반복하더라도 참고 견디어야 한다. 젊은 사람이 많은 직장에 60세의 직원이 섞이면서 사내에 언제든지 불화가 생길 수 있다는 점을 항상 기억하고 이에 유연하게 대응해야 한다.

임금이 줄고 정신적으로 힘들어질 수 있다는 위험 요소는 있지만, 대신 65세까지 임금이 보장된다는 안도감은 얻을 수 있다. 아내 입장에서도 남편이 온종일 집에 있는 것보다 이때까지 그랬던 것처럼 일이 있는 생활을 지속하는 편이 관계에 훨씬 좋다.

진로 2. 이직: 가시밭길이지만 성취감은 가장 크다

정년 후의 이직에는 두 갈래 길이 있다. 하나는 지금까지 다녔던 회사에서 쌓아온 기술과 실적, 인맥을 그대로 살려서 현역 시절만큼의 연수입을 유지하는 이직이다. 다만 상당한 기술과 경력이 없으면 힘들기 때문에 안타깝게도 이러한 경우는 흔치 않다. 대부분이 채용 전문 회사를 통해 지원을 해도 서류전형에서 퇴짜를 맞아 면접조차 못 보는 것이 현실이다.

정년 전에 쌓았던 인맥과 경험은 시간이 흐르면서 자연히 사그라진다. 나이가 들수록 뇌도 체력도 위축되니 활동과 성과도 확실히 떨어진다. 그렇기 때문에 이 유형으로 성공하고 싶다면, 차라리 지인의 소개나 지인이 경영하고 있는 회사에 들어가는 편이 낫다.

다른 하나는 완전히 다른 업종에 도전하는 것이다. 다른 업종이라 하면 자신 없어 하는 사람도 있겠지만, 정말로 하고 싶었던 일이나 예전부터 흥미 있게 바라봤던 업계에서 일할 마지막 기회라고 생각해보자. 정년 후에는 임금이 낮아지는 경우가 많고, 이때까지 해오던 일이 질려버린 경우도 많다. 그렇다면 이왕 이렇게 된 거, 지금까지 할 수 없었던 일을 해보는 것이다. 삶의 즐거움을 찾고 싶고, 일에서 얻는 보람과 성취감을 계속 느끼고 싶은 사람이라면 이 유형을 권한다.

물론 다른 업종으로의 전직은 동종으로의 전직보다 훨씬 어려운 게 사실이다. 정년까지 쌓아왔던 기술을 활용해 전직하는 유형이 가장 고생 없는 길이다. 정말로 영업 능력이 있으면 뭐든지 팔 수 있을 것이고 경리 분야에서 능력이 뛰어나면 업종이 뭐든 상관없을 것이다. 어쨌든 정년을 맞고 나서 어떻게 할까 고민하지 말고 현역에 있는 동안 자신의 무기를 확실히 갈고닦아 두는 것이야말로 다른 업종으로의 전직을 향한 지름길이다.

진로 3. 창업: 한 푼도 못 벌어도 무조건 돈이 든다

정년 후에 아예 법인을 만들어 사장이 되는 방법도 있다. 오랫동안 회사원으로 일하다 보면 '사장'이란 직함을 동경하는 사람도 꽤 있다. 실제로 정년퇴직을 하면 회사를 설립하는 사람들이 많다.

법인을 설립할 때는 사업 내용을 규정하는 '정관'이 있는데, 여기에 어떤 사업을 할 것인지 기입한다. 컨설턴트, 부동산업, 음식업 등 사업 내용에 전체적인 일관성이 없더라도 다양한 사업을 정관에 덧붙일 수 있다. 단, 반드시 알아둬야 할 점은 기업은 운영하지 않아도 존재하는 것만으로 돈이 든다는 것이다.

법인 설립의 초기비용으로 약 20만~30만 엔, 여기에 법인을 유지하기 위해 세무사에게 지불하는 비용과 세금을 포함하면 약 20만~40만 엔이 든다.

정년 후 창업 아이템으로 음식점이 많은데, 그만큼 진입하기 쉬워서이지 않을까 하는 생각도 들겠지만 솔직히 그렇지도 않다. 이런저런 준비를 위한 초기비용은 결국 1,000만 엔 이상 드는 것이 보통이다. 법인은 적자라도 내야 하는 '법인주민세균등할'이라는 것도 있는데 자본금이나 종업원 수가 아무리 소규모라도 연간 7만 엔은 발생한다. 여기에 가족끼리라도 임금을 지불한다면 회사보험료도 내야 한다.

창업을 한 본래의 목적은 '회사에 의존하지 말고 내가 먹을 밥은 내가 만들자'였을 것이다. 생활비를 확실히 벌 수 있다면 법인 설립에 집착할 필요는 없다.

요즘 시대에 맞게 유튜브 채널을 개설하는 것도 하나의 방법이 될 수 있다. 채널 구독자 수가 1,000명을 넘고 최근 12개월 동안의 총 재생 시간이 4,000시간 이상이면 수익화의 권리가 발생한다. 취미에 조예가 상당하다면 그것을 즐기는 방식 등을 콘텐츠로 제작해서 돈을 버는 것도 얼마든지 가능한 시대다.

진로 4. 조기은퇴: 취미가 없다면 제대로 즐길 수 없다

현역 시절에 성실하게 차곡차곡 쌓아왔던 자산에서 얻는 수입으로 생활하는 것이다. 노후에 불로소득 덕분에 놀며 살아도 생활에 걱정 없는 삶은 그야말로 동경의 대상이다. 조기은퇴는 그야말로 소수의 사람이나 가능한 일이지 싶다.

그런데 운이 좋아 불로소득이 생활비를 상회했고 이로 인해 경제적 자유를 획득했다 하더라도 또 다른 문제가 생긴다. 회사 일이나 자산 형성에 진심으로 열심히 몰두했던 사람일수록 이런 증상이 나타나는데, 바로 '노는' 시간을 버거워하는 것이다.

현역 시절에는 하고 싶어도 못 했던 취미를 맘껏 즐기면 되는데 막상 그런 취미가 없다. 여행도(코로나 때문에 불필요한 외출은 되도록 피한다 해도) 1년이나 돌아다니다 보면 더 이상 가고 싶은 곳도 없다. 여유로운 시간이 즐거운 이유는 그 중심에 일하는 시간이 있기 때문이다. 온통 여유 시간뿐이라서 오히려 어떻게든 때워야 할 시간이 되면 진심으로 즐길 수 없게 된다. '정년 후에는 이것도 하고 싶고 저것도 하고 싶다'라고 말하는 사람이 있는데, 정년 후에 시작할 게 아니라 '지금 이 순간'부터 시작하자. 그러다 보면 자신이 진짜로 몰두할 수 있는 취미를 발견할

테고 그것이 바로 노후를 살아가는 양식이 되어줄 것이다.

세계적인 희대의 투자가 워런 버핏은 몇십조 엔이 넘는 자산이 있어도 여전히 투자와 기업 연구를 계속한다. 이처럼 '조기은퇴=일을 하지 않는다'가 되어 아무것도 하지 않는 생활은 자신의 몸과 마음이라는 자산을 위축시킬 뿐이다.

퇴직한 남편에게 말 못하는 아내의 진짜 속마음

60세를 넘겨 정년퇴직하고 유유자적한 생활을 보낼 수 있는 사람은 극히 드물다. 수십 년 전과는 달리 환경이 변해, 60세가 지나서도 계속 일을 하는 게 상식이 되어 가고 있다. '아직 대출금이 남아 있기 때문'이거나 '계속 일을 하면 좋겠다는 아내의 무언의 압력'으로 자신의 의사에 반해서 일을 하는 사람도 많을 것이다.

오랜 기간 남편을 뒷바라지한 아내로서도 솔직히 "그동안 수고했어요. 이제 좋은 곳에 놀러 다니며 푹 쉽시다" 하고 선뜻 말하기 어려운 것이 현실이다. 아내 입장에서는 길었던 갱년기 장애도 견뎠고, 자녀의 대학 진학을 위한 수험 전쟁도 지났다. 드디어 친구와 천천히 여행도 가거나 지금까지 하지 못했던 취미에 몰두하고 싶은 참이다. 제2의 청춘이라고도 불리는 이 시기에 정년퇴직한 남편의 수발을 들어라? 당연히 사양하고 싶을 것이다.

앞서 황혼이혼에서도 언급했듯이, '그동안은 제대로 말할 기회가 없었다', '말은 했으나 진지하게 듣지 않았다'라고 토로하는 아내들이 많다. 비록 말은 못해도 오랫동안 쌓인 미움이 생각보다 훨씬 크다는 사실을 남편은 알아야 한다. 혹시 지금 이 부분을 읽고서 조금이라도 마음에 짚이는 게 있는 사람은 경제적으로 여유가 있어도 일하러 계속 나가려는 마음이 중요하다. 일을 통해 사회와도 지속적으로 연결되어 삶의 보람을 느낄 수 있을 것이다.

확실히 정년 이전보다 60세가 지나면서 자유롭게 쓸 시간이 훨씬 많다. 리모컨을 꽉 쥐고서 하루 종일 텔레비전 앞에서 뒹굴거리기에는 인생이 아깝지 않은가. 정년 후에도 일하는 것에 긍정적으로 대응하고 적극적으로 활동하자.

정년퇴직의 충격으로
노인성 우울증에 걸리다

치매로까지 이어질 수 있는 '노인성 우울증'

코로나19의 영향으로 20~30대의 우울증이 증가하고 있다. 대학교 수업마저 온라인으로 전환되면서 매일같이 방에 머무는 생활의 연속이다. 동아리 활동도 제한돼서 외출도 줄고 친구와의 소통도 줄었다. 그야말로 생활환경의 급격한 변화다. 마음에 병이 생기기 쉬운 환경이 된 것이다.

20대는 아직 부모와 함께 사는 경우도 많아서, 자녀의 상태가 걱정된 부모가 함께 정신건강의학과를 찾는다. 반면, 60세 이상이 되면 스스로 또는 가족에게 이끌려 병원에 가는 경우는 드물다. '밤에 잠을 잘 못 잔다', '식욕이 없다', '너무 피곤하다' 등 체력 저하로 인해 몸에 이상이 생길 경우 내과 진찰을 받았다가 우울증 진단을 받고 정신건강의학과를 찾는 사례가 가장 흔하다.

정신과 의사인 지인으로부터 진료를 받으러 온 고령 환자의 절반 이상이 우울증 증세를 보였다는 얘기를 듣고 놀란 적이 있었다. 그의 환자 중 한 60대 남성의 사례를 잠시 소개하겠다.

그의 아내는 갱년기 증상을 겪고 있는 탓에 매일같이 스트레스를 남편인 자신에게 푼다고 했다. 19세 딸은 최근 학교에서 있었던 사소한 일로 SNS 왕따를 당해 등교를 거부하며 집에서만 시간을 보내고 있었다. 그러던 중 고향에 계신 어머니가 치매에 걸려 그는 장거리에도 불구하고 어머니를 돌보기 시작했고, 금전적인 불안과 익숙하지 않은 간호 활동에 체력이 바닥났는지 몸 여기저기가 쑤시고 아프다고 호소했다. 그러고는 끝내 '이제는 사는 게 괴롭다'며 눈물까지 흘렸다고 한다. 아내, 딸, 어머니 세 사람을 원인으로 한 노인성 우울증이 나타난 것이다.

우울증은 이제 너무 흔해서 '국민 병'이라고도 불리고 있다. 일본에서 우울증은 생애 이환율(다른 사인에 의한 사망이 없다고 가정하고 한 명의 인간이 생애를 통하여 75세까지 질환에 걸리는 비율-역주)이 약 6.7퍼센트로 드러났는데, 이 수치는 15명에 1명꼴로 평생에 한 번쯤은 걸리는 질병이라는 의미다. 전 세계로 확장해보면 전체 인구의 약 3~5퍼센트에게서 나타나고 있어 일본인 우울증 환자가 세계의 평균보다 높다는 사실을 알 수 있다.

후생노동성의 데이터에 의하면, 2017년 우울증 환자는 2008년과 비교해서 무려 20퍼센트나 증가했다. 게다가 증상이 나타나 병원에 다니고 있는 사람이 겨우 3분의 1 정도밖에 되지 않는 것으로 추정되고 있다. 이 중 '노인성 우울증'이 40만 명이나 되는 셈이니 그 수가 결코 적지 않다. 게다가 진짜 문제는 우울증이 길어지면 치매가 되기 쉽다는 것이다.

60대 우울증은 알아차리기 쉽지 않다

이번에는 성별·연령대별로 우울증 환자 수를 살펴보겠다. 다음 표6에 따르면, 어느 세대에서든 여성이 우울증에 잘 걸린다는 사실을 유추할 수 있다. 전 세계적으로 봐도 여성이 남성보다 2배나 취약하다.

특히 여성은 40대에 접어들면 호르몬의 변화로 인해 체력이 현저히 떨어지고 가슴이 두근거리거나 신경이 예민해지는 등 이른바 갱년기 장애의 여러 증상이 나타난다. 여기에 자녀가 있는 가정이라면 자녀의 절정에 이른 사춘기 때문에 고민도 많을 테고 직장에서는 어느 정도 책임 있는 위치에 있어, 집 안에서나 집 밖에서나 고민거리가 끝이 없다. 그야말로 우울증을 일으

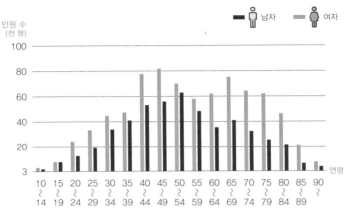

표6

성별·연령별에 따른 우울증 환자 수

인원 수
(천 명)

■♂ 남자   ■♀ 여자

100

80

60

40

20

3

10   15   20   25   30   35   40   45   50   55   60   65   70   75   80   85   90
~   ~   ~   ~   ~   ~   ~   ~   ~   ~   ~   ~   ~   ~   ~   ~
14   19   24   29   34   39   44   49   54   59   64   69   74   79   84   89

연령

※출처: 후생노동성 환자조사(2017)

킬 만한 원인이 끝없이 준비되어 있다고나 할까.

남성은 40대부터 50대 초반에 걸쳐 우울증이 최고점을 맞
는다. 대개 이 나이대는 한창 일할 나이라 직장인이라면 업무에
관한 고민, 자녀 양육에 대한 고민, 이혼, 상사의 갑질을 비롯한
인간관계 등 정신적으로 압박되는 요소가 많다.

또 연령대별로 살펴보면, 남녀 모두 65세 이후가 되면 환자
수가 다시 증가하는 것을 알 수 있다. 노인성 우울증은 65세 이
상에서 나타나며, 노화가 결정적인 원인이 아니다. 만일 노화가
원인이라면 모든 65세에게서 노인성 우울증이 나타날 텐데 실

제를 보면 일부에서만 나타난다. 다시 말해, 증상이 나타나는 원인을 미리 알아두면 긴 노후를 보내는 데 오히려 도움이 될 수 있다.

노인성 우울증은 마음과 신체의 급격한 변화가 원인이다. 그중에서 노후의 심리적 측면에 커다란 영향을 주는 변화를 꼽자면 남성은 '정년퇴직'이다. 노인성 우울증의 발병이 대개 65세 이상에서 나타나지만, 실은 정년퇴직을 하고 얼마 지나지 않은 61세를 어떻게 보냈는가에 좌우된다. 따라서 본 책에서도 노인성 우울증을 61세에서 자세히 다루겠다.

대학을 졸업하고 들어간 첫 직장에서 정년퇴직까지 한 사람은 특히 더 주의가 필요하다. 남성에게 정년퇴직은 자신의 아버지가 돌아가시는 것보다 그 충격이 클 수 있기 때문이다. 회사에 다닐 때는 '○○ 부장님, ○○ 과장님'이라며 직위까지 함께 불렸지만 손자가 태어나면 이름은 사라지고 '할아버지', '할머니'로만 불릴 뿐이다. 역할과 지위가 현격히 바뀌는 것이다.

또 회사에 다닐 때는 통근이 편리한 지역에서 제법 넓은 집에 살았다면, 퇴직 후에는 고향으로 돌아가는 등 거주 환경이 바뀌기도 한다. 평소 동경했던 시골 생활을 드디어 할 수 있게되었다며 반가이 여기는 사람도 있겠으나 주거 환경의 극적인 변화, 지금까지 관계를 맺고 살던 사람들과의 단절이 마음을 한층 불안정하게 만들기도 한다.

노인성 우울증이 위험한 가장 큰 이유는, 발견이 어렵다는 점이다. 젊은 시절이라면 직장 동료나 가족이 가까이에 있어서 '학교에 가지 않는다', '출근하지 않는다', '집에만 있고 밖으로 통 나오지 않는다'처럼 증상의 징조를 확실히 알 수 있다. 그러나 65세 이후가 되면 퇴직도 했으니 집에 있는 것은 당연하고 나이를 먹었으니 외출이 줄어드는 것도 이상하지 않다. 또 회사와 멀어진 시기라면 가족이라 해도 자녀는 독립했을 때라 집에 배우자만 있다면, 서로 무관심한 경우도 종종 있다. 이런 이유로 주변 사람이 고령자의 우울증을 알아차리는 경우가 적은 것이다.

'하루 종일 텔레비전 앞에서 멍 하니 있다', '취미였던 골프도 안 가게 됐다', '신문과 잡지를 더 이상 읽지 않고 세상에 관심도 갖지 않게 됐다' 등등. 이런 모습을 봤을 때 '정년퇴직 후의 생활이 뭐 이런 것이려니' 하겠지만 우울증일 가능성도 있는 것이다. 한편 치매의 초기증상과도 비슷해서 '혹시 내가 치매?' 하고 진료를 받았더니 사실은 우울증이었다는 사례도 종종 있다.

여성이 약 2배나 더 우울증에 걸리기 쉬운 이유

앞에서 이미 말했다시피, 남성보다 여성이 2배나 더 우울증에 걸리기 쉽다. 생리와 임신, 연애, 결혼, 출산과 이에 따른 호르몬의 변화, 아이 친구 엄마들과의 소통에서 오는 피로, 무리한 회사 업무량과 실적 압박, 상사의 성희롱, 갑질 등 고민은 끝이 없다. 다양한 문제가 너무 얽히고설켜서 우울증의 근본 원인을 찾아내는 것조차 어려울 지경이다.

특히 성실하고 문제 상황을 수용하는 유형일수록 우울증에 걸리기 쉽다. 전업주부도 앞선 고령자의 사례처럼, 우울증 발병을 알아채기 어려운 상황에 놓여 있는 것이다. 여성 자신도 기분이 상쾌하고 좋은 상태가 아니라도 그저 가사와 육아 때문에 지쳐서 그렇겠거니 하고 말아서 우울증이라 자각하지 못한다. 밖에서 일을 한다면 직장 동료나 자기 스스로가 업무의 완성도가 떨어지는 것으로 빨리 알아챌 수도 있겠지만 전업주부는 그런 기회조차 없다.

우울증은 여성 혼자서는 해결하기 어렵기 때문에 남편 역시 아내의 문제에 관심을 가져야 한다. 남편의 경우 동료들과 퇴근 후 술을 마시거나 업무상 골프장에 가는 등 잠시라도 회피할 수 있는 길이 여기저기 있지만 아내는 도망갈 길이 없는 경우가 많다. 비록 아내가 별다른 말이 없더라도, 정말 괜찮아서가 아니다. 아이를 키우고 가사에 분투하느라 불평을 말할 여유조차 없었거나 불평을 말해도 어차피 들어주지 않을 거라 여겨 가만히 있었는지도 모른다.

이제 곧 정년퇴직을 맞는 남성은 그야말로 인생의 대전환기를 앞두고 있고 이러한 환경 변화 때문에 노인성 우울증을 겪을 수 있다는 것도 잊지 말자. 부부 사이에 마음의 문제를 소홀히 하면 만성화되어 부메랑처럼 결국 자기 자신에게 돌아온다는 점을 여성도 남성도 알아두면 좋겠다.

나도 우울증일까? 자가 진단 체크리스트

자신 혹은 배우자, 부모님에게 우울증의 증상이 나타나지는 않았는지 다음의 체크리스트로 확인하자. 많으면 많을수록 증상이 있는 것이다.

☑ 우울증 체크리스트

☐ 몸이 어딘가 불편하지만 원인이 확실하지 않다.

☐ 불면증으로 인해 잠들지 못한다. 겨우 잠들어도 금방 깨거나 아침 일찍 눈이 떠진다.

- ☐ 기억력이 떨어져서 걱정이다.

- ☐ 식욕이 없고 살이 점점 빠진다.

- ☐ 이전과 비교해서 말수가 급격히 줄었다.

- ☐ 작은 일에도 걱정이 많고 늘 초조하다.

- ☐ 자살하고 싶다는 생각이 가끔 든다.

- ☐ 늘 집에만 있고 싶고, 별로 좋아하는 것도 없다.

- ☐ 꼼꼼한 성격이었는데 실수가 잦아지고 술만 마신다.

- ☐ 감정이 쉽게 오르락내리락한다. 눈물이 많아졌다.

    우울증이 청년, 중장년을 가리지 않고 나타나듯이 자살도 마찬가지다. 자살 사망자 중 고령자의 비율은 어느 시대든 대략 3분의 1로, 많은 편이다(표7). 게다가 표8을 보면, 고령자 자살의 원인 중에 건강 문제가 차지하는 비율이 매우 많음을 알 수 있다. 건강 문제 중에서도 우울증이 비교적 많은 것도 표9에 드러난다.

    그런데 고령자 자살 사망자 중 약 65퍼센트가 우울증을 앓고 있었고, 우울증보다는 가벼운 우울 상태까지 포함하면 약 75퍼센트나 올라간다. 또 65세 이상 1.5만 명에 대한 조사에서, 우울증이 자살의 가장 강력한 위험인자라는 사실도 밝혀졌다. 젊었

표7

연령별 자살 사망자 수의 연도별 추이

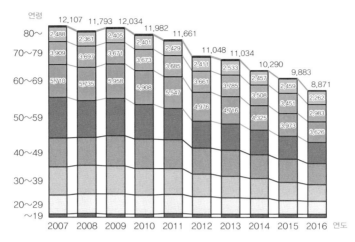

※출처: 후생노동성 자살대책추진실

표8

자살 동기에 따른 연령별 사망자 수

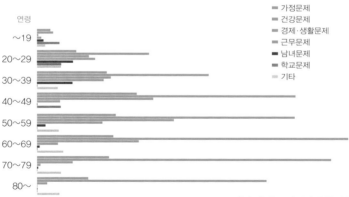

- 가정문제
- 건강문제
- 경제·생활문제
- 근무문제
- 남녀문제
- 학교문제
- 기타

※출처: 후생노동성 자살대책추진실

표9
질병에 따른 자살 사망자 수와 연도별 추이

■ 신체적 질병
■ 신체장애 ■ 우울증 ■ 조현병 ■ 알코올 의존증 ■ 약물남용 ■ 그 외의 정신질환 ■ 기타

정신적 질병

연도

2007
2008
2009
2010
2011
2012
2013
2014
2015

※출처: 후생노동성 자살대책추진실

을 때라면 부모님이나 자녀가 가까이에 있기 때문에 '가족이 슬
퍼할 거야' 하는 생각이 자살을 멈추게 하는 브레이크가 된다.
그러나 고령이 되고, 배우자가 먼저 세상을 뜨고, 장성한 자녀
와 소원하게 되는 등 변한 환경 탓에 '살아갈 의미가 없다', '누
구도 슬퍼하지 않을 거야'라는 충동에 지배되면 자살을 행동할
확률이 높아진다.

우울증을 털어내는 아침 15분 산책

노인성 우울증에 빠지지 않으려면 어떻게 해야 할까? 우울증을 유발하는 여러 요인 중 하나로 세로토닌이라는 신경전달물질의 감소가 있다. 세로토닌은 이른바 '행복 호르몬'이라고도 불린다. 세로토닌이 증가하면 행복감을 느낄 수 있게 되기 때문이다.

오전에 쏟아지는 태양 빛을 받으며 산책을 하면 세로토닌이 분비된다. 평온함과 편안함을 얻을 수 있고 기분이 좋아지며 활력이 나온다. 한편 세로토닌이 줄면 불안, 걱정, 예민함, 신경질, 초조 상태가 되고 만성화하면 우울증이 된다. 실제로 기상청과 후생노동성이 함께 조사한 자료에 따르면, 동북 지방인 일본해 방면과 니가타 현의 경우, 겨울 일조시간이 짧아지는 동시에 자살률도 높아졌다는 사실을 알 수 있다.

이처럼 햇볕을 쬐는 일은 정신적인 건강은 물론 생존과도 직결되는 중요한 요소다. 청명한 날에는 무조건 밖으로 나가자. 가장 좋아하는 반려동물과 함께 아침 햇살을 받으며 걸으면 세로토닌이 더 잘 분비되지 않을까.

일찍 일어나려면 일찍 잠자리에 들어야 하고, 기분 좋은 아침을 맞이하려면 과음이나 폭식은 피해야 한다. 아침 산책을 하루의 중심으로 삼으면 연쇄적으로 모든 행동이 긍정적인 방향으로 바뀐다.

현역 시절은 아침 일찍 출근해야 했기 때문에 그럴 시간이 없었을 것이다. 아내도 아이의 통학 준비하랴 가사일 하랴 시간이 없었다. 그저 조금씩이라도 좋으니 긴 노후생활을 위해 노인성 우울증이 되지 않는 습관을 들이는 게 중요하다. 아침 산책을 하면 집에 돌아와 먹는 아침식사도 맛있게 느껴진다. 심신이 개운해 독서와 취미에 전향적으로 몰두할 수 있다.

매일 10킬로미터씩 조깅하지 않아도 된다. 그럴 필요도 없다. 그저 15분씩 아침에 산책하고, 비가 오는 날은 쉰다. 무리하지 않는 선에서 오래도록 꾸준히 하는 것이 비결이다.

은행만 무조건 믿었다가
재산이 반토막 나다

퇴직금의 사용 목적을 은행에 물어서는 안 된다

"노후를 위해 얼마를 저축해야 하나요?"

만일 중학생이 사회 과목 수업 중에 이렇게 질문했다면 장래를 생각하는 주제로서 좋은 질문이다. 하지만 정년퇴직 전후인 사람이 던진 질문이라면, 그 사람은 냉혹한 노후생활을 각오해야 할 것이다. 저축이 얼마 있어야 생활수준을 떨어뜨리지 않고 노후를 보낼 수 있는가에 대한 '대답'은 오로지 자기 자신이 갖고 있어야 하기 때문이다. 그렇지 않으면 금융기관에 좋은 일만 해주는 꼴이 되고 만다.

내가 담당하게 됐던 고객 중에 정말 안타까운 일을 겪은 분이 있었다. 힘들게 번 퇴직금이 몇 년 만에 반 토막이 난 것이다.

고객 A씨는 퇴직금으로 은행에서 권유하는 펀드를 들었는데 브라질을 테마로 한 펀드였다. 당시는 BRICS(브라질, 러시아, 인도, 중국, 남아공)라 불렸던 5개국이 경제적으로 주목을 받고 있었고 마침 브라질의 리우데자네이루에서 올림픽 개최가 결정됐던 때다. 그 밖에도 그 펀드에 들어간 이유는 무수히 많았다. 하지만 뚜껑을 열어보니, 올림픽 개최 전인데도 브라질 주식시장은 급락했다. 자산이 순식간에 줄어든 것이다.

A씨는 '노후 2,000만 엔 문제'(일본 금융청 금융심의회의 시장 워킹그룹이 발표한 '노후 20~30년 동안 약 1,300만~2,000만 엔이 부족하다'라는 보고서에서 발단이 된 신조어로 '어떻게 노후의 필요 자산을 형성할 것인가'를 둘러싼 문제를 다루고 있다-역주)가 대대적으로 부각되자 다소 불안감을 느껴 은행에 상담을 했다. '노후 2,000만 엔 문제', 이 말이 아예 고유명사가 되어 세상이 떠들썩할 만큼 화제가 됐기 때문에 자산이 2,000만 엔도 없는 사람 입장에서 보면 60세부터라도 투자를 하지 않으면 큰일 날 것 같은 때였다.

은행 상담원은 A씨의 방문 목적을 듣더니 이내 카펫이 멋들어지게 깔린 방으로 안내했고, 이윽고 풍채 좋은 지점장과 30대 젊은 담당자가 그 방에 들어왔다.

"지금처럼 예금으로 갖고 있어도 요즘은 이자도 안 붙습니다. 더욱 풍요로운 노후를 보내기 위해 그 돈을 운용해서 자산

확장을 검토해보는 건 어떨까요? 사실 우리 은행에서는 고객님 같은 분들을 위해 퇴직금 특별 플랜을 준비했습니다."

확실히 지금은 초초저금리 시대로, 대형은행 보통예금의 경우 금리가 0.001퍼센트다. 해당 펀드의 내용은 잘 모르겠지만, 이런 사회적 분위기를 감안했을 때 담당자가 하는 말에 선뜻 신용이 가기도 한다.

펀드를 판매하는 것은 오늘날의 은행에게는 귀중한 수익원이다. 1,000만 엔 등 퇴직금을 고스란히 맡긴다면 은행은 수수료 명목으로 수익까지 얻을 수 있다. 펀드 가격이 오르면 A씨도 이익을 보겠지만 장래가 어떻게 될는지는 아무도 모른다. A씨가 펀드를 구입했던 시점에 은행은 이미 그리고 확실히 이익을 확보했기 때문에 가격 하락의 위험은 은행이 아니라 고객, 즉 A씨에게 있다.

물론 모든 펀드가 나쁘다는 말은 아니다. 하지만 바쁜 은행원이 정말로 고객 한 사람 한 사람에 맞춘 펀드를 제안할 수 있을까. 고객보다는 은행이 돈을 버는 펀드를 팔고 있다는 측면을 간과해서는 안 된다.

퇴직금 특별 플랜에 속지 마라

퇴직금은 연금과 함께 노후생활을 설계할 때 기본이 되는 귀중한 자산이다. 2,000만 엔의 퇴직금이 20퍼센트나 줄었다는 것은 400만 엔이 줄어든 것과 같다. 이것을 연금수입으로 바꿔보면 2년분에 맞먹는다(연금이 월 16만 엔 정도 한다 할 때). 금융상품에 관한 충분한 이해가 없는 상태에서 은행의 창구에서 상담하는 것은 죽을 자리인 줄도 모르고 신이 나서 덫으로 들어가는 생쥐와 같다.

자산을 늘리는 것은 퇴직금이 나왔을 때부터 하는 게 아니다. 가장 이상적인 것은 훨씬 이전(될 수 있으면 40대 이전)부터 하는 것이다. 퇴직금을 특히 자산설계의 계획이 없는 상태에서 정기예금이나 펀드, 외화 기반의 보험으로 재편성하면 80세 전후에서 고생하게 된다.

실제로 내가 치매 대책에 관해 상담을 한 적 있는 80대 전후의 고객은 은행에서 소개한, 지금은 강제적으로 장기 보유를 해야 하는 펀드와 외화 기반의 보험을 갖고 있었다. 모 상장기업에서 근무했던 75세의 고객도 8,000만 엔의 재산이 있다고 하길래 실제로 조사해봤더니, 현금은 수백만 엔 정도밖에 없었고 그 외는 거의 하락해버린 펀드와 정기예금이었다.

여기서 더 문제가 될 수 있는 점은, 지금 팔면 손해를 보기 때문에 더 갖고 있을 수밖에 없는 자산은 방치되기 쉽다는 것이다. 그러다 자칫 보유자가 치매에 걸리기라도 하면 급기야 자산 동결도 발생한다. 치매에 걸리면 의사능력을 잃기 때문에 사전에 어떤 대책을 세워두지 않으면 정기예금과 보험의 해약이 불가능하고 펀드는 환매할 수 없게 된다. 즉, 퇴직금이 줄어들 만큼 줄어들고 나서도 최후에는 자산동결까지 되어버려 한 푼도 쓸 수 없는 결말을 맞이하게 된다.

펀드가 자산운용에 알맞지 않다는 말을 하려는 게 아니다. 몇십 년 동안이나 성실하게 땀 흘려 일한 것에 대한 대가인 귀중한 퇴직금을 은행이 권유하는 대로 하는 것이 문제라는 것이다. '퇴직금 특별 플랜'이란 이름이 붙은 종이를 절대 손에 쥐어서는 안 된다. 그 안에는 대개 여러분을 은행의 봉으로 만드는 금융상품이 실려 있기 때문이다.

나보다 더 나를 아는 사람은 없다

퇴직금의 사용처는 지급된 때가 아니라 늦어도 지급되기 5년 전부터 검토하자. 아니, 오히려 잘 됐다. 이 책을 손에 든 지금부터 검토를 시작하자.

미국에는 자산운용을 전문가에게 맡기는 문화가 있다. 셀 수 없을 만큼 많은 독립 파이낸셜 어드바이저(금융 컨설턴트)가 있으며 고객 돈을 300조 엔이나 맡아 운용하고 있는 회사(찰스슈왑)도 존재할 정도다. 이 신뢰할 수 있는 금융 컨설턴트를 정년 퇴직한 뒤 찾을 게 아니라 퇴직 전에 찬찬히 비교 검토해가며 찾아야 한다.

또 아무리 그 컨설턴트를 신뢰할 수 있다 해도 어디까지나 그 사람은 조언하는 사람이다. 여러분만큼 자신의 사정을 알고 있을 수도 없으며 여러분 가정의 미래를 생각해줄 이유도 없다. 자기 자신이 확실하게 자산운용에 관한 지식을 익히고서 조언을 취사선택하는 힘을 갖는 것이 매우 중요하다 하겠다.

첫 손주 탄생의 기쁨도 잠시, 고부 갈등이 시작되다

손자가 가까이 있을수록 행복하다?

지금 일본에서 3대가 함께 사는 가정은 약 5.7퍼센트 정도다. 중심부인 도쿄는 약 1.8퍼센트로 더 드물다(2015년 도쿄도의 3대 거주세대 ÷ 총세대 수로 계산).

2010년도에 3대가 함께 사는 비율이 가장 많은 지역은 야마가타 현으로, 21.5퍼센트다. 3대가 함께 사는 세대가 많고 조부모가 손자를 돌봐줘서 그런지 야마가타 현의 여성 취업률은 80퍼센트를 약간 밑돌고 있다. 이는 전국적으로도 높은 수준이다.

3대가 함께 사는 장점은 아이를 제대로 돌봐줄 사람이 있으니 아빠와 엄마가 걱정 없이 일터에 나갈 수 있다는 것과 할머니, 할아버지도 손주와 함께 살 수 있어 행복도가 높아진다.

행복도를 관장하는 호르몬에 '옥시토신'이 있다. 옥시토신은 스킨십을 하고 애정을 느낄 때 분비된다. 고령자가 되면 사람과 접촉하는 일이 극단적으로 적어진다. 자신의 아이들도 장성해서 각자의 가정을 가지면 서구 여러 나라처럼 가볍게 포옹하는 일도 없어진다. 이럴 때 귀여운 손주가 있으면 안고도 있고 손도 잡고 볼도 부비며 많은 스킨십이 오간다. 손주가 귀엽고 예쁘다고 느끼는 이유는 행복을 느끼게 하는 옥시토신이 많이 분비되고 있기 때문이다. 노부부 사이에 '손주'라는 공통의 화제가 생기고 눈에 넣어도 아프지 않을 손주의 성장을 도우면서 느끼는 생활의 활력도 행복감 상승으로 인도한다.

3대가 함께 사는 비율이 많은 지역 2위는 후쿠이 현이다. 일본종합연구소의 조사에 따르면, 후쿠이 현은 일본에서 가장 행복도가 높다. 이 지역은 신생아 출산율이 전국 5위이고, 돌봄필요인정을 받지 않은 전기고령자(65~74세)의 비율은 무려 96.8퍼센트로 전국 1위다. 75세를 넘어서도 73.1퍼센트나 되며, 이혼율은 1.66퍼센트로 전국에서 일곱 번째로 낮다. 가족이 많고 구성원 간의 소통이 원활한 덕분에 결과적으로 높은 행복도, 고령자의 돌봄 사태 예방으로 이어지고 있다고 추측할 수 있다.

부모 자식 간의 관계를 회복할 마지막 기회, '첫 손주'

단카이 세대(1947~1949년에 태어난 일본의 베이비붐 세대-역주)에 속하는 남성은 고도의 경제 성장기에 오로지 일만 하느라 육아에 별로 관여하지 않은 경우가 많다. 나의 아버지도 이 세대에 속하는데 전형적인 열성 회사원이었다. 가사와 육아는 아내에게 100퍼센트 맡겨놓고 자신은 접대성 골프와 마작으로 낮이고 밤이고 주말이고 구별 없이 바빴다. 그때는 지금과 달랐기 때문에 아버지로서 아이를 돌보고 싶어도 '사회와 회사 환경이 그렇게 하게 놔두지 않았다'가 맞지 싶다.

손주가 생기면서 자신의 장성한 자녀와 교류할 수 있는 기회가 많아졌다. 다른 것에 신경 쓸 일 없이 오로지 손주의 성장에 감탄하고 손주에 관한 이야기를 하느라 장성한 자녀와 대화할 일이 생기고 삶에서 새로운 보람을 발견한다. 또한 손주의 부모, 즉 2대인 30~40대에게도 큰 장점이 생긴다. 현역 시절에는 주말도 뭔가에 쫓겨 항상 바쁘기 마련이다. 비록 고령이지만 부모님이 아이를 돌봐주는 덕분에 물리적으로도 자신들만의 시간을 가질 수 있다.

손주가 태어났지만 교류는 거의 없다는 가정도 적지 않다. 지금까지 누적된 소통의 부재로 인해 결국 부모 자식 간의 사이가 멀어진 경우다. 대개 자녀가 스무 살을 넘기면 독립하면서 부모로부터 떨어진다. 삶의 중심이 회사나 자신의 가정이 되고 부모와의 관계는 확연히 줄어든다. 본가에 자주 오는 자녀도 없지는 않겠지만 10년 가까이 부모와 만나지 않은 자녀도 드물지 않다.

그렇다고 해서 포기하지 않으면 좋겠다. 첫 손주의 출생은 지금까지 소원했었던 부모 자식 간의 인연을 되돌리는 절호의 기회이기 때문이다. 고령의 부모가 손주에게 애정을 쏟으면 쏟을수록 자식은 부모에게 솔직하고 진실한 감사의 말이 나올 수밖에 없게 된다. 손주 덕분에 부모와 자식의 대화가 극적으로 늘어나고 끈끈한 혈육의 정이 깊어진다. 노후의 가장 큰 무형의 자산은 '가족의 정'이다. 이것을 손에 넣는 절호의 기회를 놓쳐서는 안 된다.

손주를 돌보면서 가끔은 '과자를 너무 많이 준다', '장난감을 너무 많이 사준다'라며 자녀가 이렇다 저렇다 불만을 나타내고 거기에 서운함을 느끼는 경우도 있다. 하지만 대화 자체가 없는 것보다는 훨씬 낫지 않을까.

이 무형의 자산은 눈에 보이는 것이 아니며 나중이 되어서야 '그때 그랬지' 하며 잔잔하게 느껴지는 것일는지 모른다. 노후에 아무리 1억 엔이 있더라도 자녀와 제대로 된 대화가 불가능하면 행복을 느끼는 건 힘들지 않겠는가. 나이가 들면 들수록 부모와 자식이라는 혈육의 정, 유대감은 자신의 생활과 행복에 영향을 준다.

물론 세상에는 첫 손주는커녕 자기 자녀와도 멀리 떨어져 살아서 물리적으로 만날 수 없는 사람도 많다. 그래도 첫 손주가 태어난 후 20년, 성인이 될 때까지 그 성장을 바라보는 것을 삶의 보람으로 여기면 자신의 장성한 자녀와 자연스럽게 대화가 생길 기회도 자연히 늘어난다. 마음의 자산은 당연히 비약적으로 커져 나갈 것이다.

옛날의 경험으로 육아에 참여하면 큰코다친다

손주를 적극적으로 돌봐주는 것은 가족 모두에게도 바람직한 일이지만 주의해야 할 부분도 있다. 육아 상식을 업데이트해야 한다. 자신의 자녀를 키우던 몇십 년 전에는 당연했던 것이 지금은 안 되는 것도 많다.

첫 손주가 태어나고, 의지할 수 있는 할아버지, 할머니가 되는 것에도 배움이 필요하다. 자신의 생각대로 손주를 돌보면 오히려 고부간의 갈등으로 발전하기만 하니 부디 주의하자.

표10

시대에 따른 육아상식 비교

	1960-70년대	2000년대
재우기	아기의 배가 바닥에 오도록 엎어 재운다.	등을 대고 똑바로 눕혀 재운다.
	엎어 재우기는 영유아돌연사증후군의 위험이 높다.	
안아주기	안아주지 않으면 울거나 칭얼거리는 버릇이 들어 좋지 않다.	적극적으로 접촉한다.
	안기는 버릇이 나쁘다는 근거는 없다. 안도감과 신뢰감을 높이기 위해 안기를 적극적으로 하면 좋다.	
일광욕	일광욕	외기욕
	사실 자외선으로 활성화되는 비타민 D의 양은 적다. 오히려 생후 3개월까지는 자외선을 너무 쬐어서 생기는 피부 손상과 면역력 저하를 주의한다.	
모유와 분유	모유 수유는 필수다.	모유 혹은 분유는 어머니의 의향으로 정한다.
	영양 면에서 둘 다 큰 차이는 없기 때문에 모유 수유를 고집할 필요는 없다. 엄마의 의향을 존중한다.	
음식	부모가 먹던 숟가락으로 음식을 먹인다.	부모가 먹던 숟가락으로 먹이는 것은 절대 안 된다.
	충치의 원인이 되기 때문에 내가 먹던 숟가락으로 먹이거나 씹어서 먹이는 행동은 절대로 해서는 안 된다.	
드라이브	무릎 위에 앉힌다.	카시트에 앉힌다.
	근처 슈퍼마켓 등 단거리 운전일지라도 카시트 사용은 필수다.	
알레르기	좋아하면 알레르기는 신경 쓰지 않고 먹인다.	알레르기를 신경 쓰며 먹인다.
	달걀, 우유, 밀가루는 특히 주의한다. 아이의 아빠, 엄마에게 미리 말하고 먹인다.	

아무 생각 없이 받은 연금,
결국은 손해를 보다

없어지는 연금은 없다, 단지 계속 줄어들 뿐

일본은 2008년을 정점으로 인구감소 시대로 돌입했다. 게다가 현재 일본인의 28.7퍼센트(2020년 9월 현재)가 고령자다. 인구에서 차지하는 65세 이상 고령자의 비율이 총인구에서 7퍼센트면 '고령화 사회', 14퍼센트면 '고령 사회', 21퍼센트면 '초고령 사회'라고 부른다. 이처럼 7퍼센트 간격으로 바뀌는 명칭 변화를 적용해볼 때, 현재 일본은 초초고령 사회다.

고령자 수는 앞으로 40년간 더 늘어날 것이다. 한편 해마다 태어나는 신생아는 100만 명을 밑돌게 되었고 연금의 재원이 되는 연금 보험료를 납부하는 취업자 수도 확실히 감소세를 지속하고 있다.

일본의 연금제도는 부과방식(그해 필요한 지출을 세금 등으로 할당해 부담토록 하는 방식)을 채택하고 있는데 이는 쉽게 말해 지금의 현역 세대가 동시대 고령자의 노후를 보조하는 형태다. 마치 나무가 쓰러지지 않도록 곁에 지지대를 세워주는 것처럼 말이다. 2040년에는 현역 세대 1.5명이 고령자 한 사람의 생활을 도와야 한다는 계산이 나온다. 이는 부양가족이 한 명 늘어나는 것과 같다.

이대로 있다가는 연금제도가 파탄 날지도 모른다고 걱정하는 사람도 있겠지만, 나는 그렇지 않다고 생각한다. 정치인들에게 고령자는 표를 얻기 위한 매우 중요한 지지자이기 때문에 고령자의 생활 기반인 연금을 멈추게 하리라고 생각하지 않기 때문이다.

또 연금제도가 파탄 나면 생활보호자(우리나라의 경우, '기초생활보장대상자'라고 한다-역주)가 급증한다. 생활보호 재원의 4분의 3은 국가가 부담하고 있는데 현재의 생활보호자는 약 208만 명으로, 이미 재정적 곤란을 겪고 있으니 연금제도를 없애지는 않을 것이다. 단, 연금제도는 존속하겠지만 수급액은 낮아지고 수급개시연령이 올라갈 가능성은 커질 수 있다. 과거를 돌아보면, 수급개시연령은 실제로 높아졌다. 일찍이 연금수급개시연령은 55세였다(1944년 후생연금보험법). 이것이 1954년에는 남성 60

세, 1985년에는 여성도 60세가 되었고 지금은 65세가 연금수급개시연령이다.

정부가 꽤 자주 '인생 100년, 생애현역'을 강하게 부르짖는데 수명이 길어졌음을 말하는 게 아니다. 연금재원이 부족하기 때문에 국민이 오랫동안 길게 일하면 좋겠다는 말이다.

인생 후반에는 예상치도 못한 일이 생각보다 자주 일어난다

연금이란 본질적으로는 '보험'이다. 매월 납부하고 있는 돈을 사람들은 실제로 '연금 보험료'라 부르고 있다. 20세부터 60세까지 연금 보험료를 납부하고 국민이 곤란에 처했을 때 보험급여로써 금전적으로 지급되는 구조다.

오래 살게 되면 전혀 생각지도 못한 일들이 상상 외로 일어난다. 국민연금에는 질병이나 사고로 다쳐서 움직일 수 없게 됐을 때의 '장애연금', 한 집안의 가장이 사망해 유족의 생활을 보호하기 위한 '유족연금' 그리고 인생 100년 시대의 노후를 준비하기 위한 '노후연금'(우리나라의 경우, '노령연금'이라 부른다-역주)이 있다. 연금이라고 하면, 퇴직 후에 받는 노후연금만을 연상하는 사람도 많을 텐데 실제로는 이렇게 다양한 측면에서 연금이 마련되어 있다.

또 연금은 크게 두 가지로 구분할 수 있다. 자영업자가 가입하는 국민연금보험, 그리고 회사원과 공무원이 가입하는 후생연금보험이다(우리나라의 경우, 국민연금의 가입 형태는 크게 사업장과 가입자로 나뉘며 가입자에는 가입이 강제되는 의무가입자(사업장가입자, 지역가입자)와 강제되지 않는 가입자(임의가입자, 임의계속가입자, 외국인가입자)로 나뉜다-역주).

자영업자의 경우 절반은 나라가 세금으로 부담하고 회사원의 경우는 근무처가 절반을 부담한다. 따라서 자영업자도 회사원도 연금을 내는 편이 확실히 이득이다. 자영업자가 국민연금을 거부하고 민간 회사의 연금 보험에 드는 것은 그야말로 본말전도다. 연금을 납부하고 있지만 미래의 불안을 다소 완화하기 위해 사적연금이 부족하다 싶으면 그때 민간 보험에 가입하면 된다. 단, 지금은 절세효과가 높은 'iDeCo(이데코)'를 일단 사용하길 권한다(일본의 경우, 국가가 운영하는 공적연금제도인 후생연금과 국민연금이 있고 사적연금제도인 확정거출연금이 있다. 확정거출연금은 국가기관이 관리하지 않고 은행, 증권회사 등이 연금 납입금액을 펀드식으로 운용하는 방식인데 기업형 DC와 개인형iDeCo 두 가지로 나뉜다-역주).

국민연금보험은 대개 7만~8만 엔 지급된다. 수급액은 충분하지 않지만 자영업에 정년이 존재하지 않는 만큼 별도의 취로 수입으로 생활비를 보충할 수 있다(일본 자영업자들이 가입하는 국민연금보험의 경우, 그 일에 정년이 없는 대신 기업이 보험금의 절반을 부담하는 후생연금 같은 시스템도 없어서 후생연금보다 받는 연금액이 적다. 따라서 대개 노후 자금 부족을 걱정하는 국민연금 가입자의 약 40퍼센트는 파트타임으로 일을 하는 등 별도의 소득을 가지려 한다. 퇴직금이 없는데 연금마저 적어서 곤란해질 수밖에 없기 때문이다-역주).

한편 회사원과 공무원이 가입하는 후생연금보험은 기초연금인 국민연금보험에다가 추가로 연금을 받는 게 가능한 시스템이다(일본의 후생연금은 회사원이나 공무원처럼 상시고용 형태이고 70세 미만의 사람 또는 일정 조건을 만족한 시간제 근로자가 그 대상이다. 소속된 사업자를 통해 가입할 의무가 있으며 보험료는 임금에 연동해 결정되고 회사와 직원이 절반씩 부담한다. 연금 수급은 기본적으로 65세부터 시작하며 제대로 된 수급을 위해 10년 이상의 가입 기간을 필요로 한다-역주). 공무원과 회사원은 정년제도가 있기 때문에 오랫동안 일할 수 있는 환경은 아니지만 이런 시스템 덕분에 보장이 두텁게 되어 있다. 부부 두 사람 합쳐서 약 22만 엔 정도 수입을 예상할 수 있다.

든든한 존재인 연금, 40년에 걸쳐 확실히 키워라

연금은 노후생활을 설계할 때 그야말로 무슨 일이 있어도 부러지지 않는 튼튼한 기둥 역할을 해준다. 수급 요건만 만족시키면 일을 하지 않아도, 입원을 해도, 아내와 부부 싸움을 해도, 주식이 대폭락해도 사망할 때까지 계속 받을 수 있다. 이렇게 든든한 불로수입은 어디에도 없다.

단, 이런 믿는 구석이 되는 연금도 키우는 기간이 반드시 필요하다. 40년에 걸쳐서 귀중하게 키우지 않으면 안 된다. 즉, 연금 보험료를 일정 기간 납입하지 않은 사람은 제시된 만기 연금액을 다 받지 못한다. 회사원, 공무원은 **40년간 받은 임금의 평균에서 후생연금액이 결정된다**. 50대 때 연수입이 자그마치 1,000만 엔을 넘었더라도 그 임금에 따른 연금을 받는 게 아니라는 뜻이다.

만일 여러분에게 연금 보험료를 납부하지 않았던 시기가 있다면 '추납'이라는 제도를 이용하면 된다. 추납제도는 연금 보험료를 10년까지 역으로 거슬러 올라가 납부할 수 있게 한 제도를 말하는데 이 덕분에 장래 연금 수급액의 감소를 회피할 수 있다. 또 3년 이상 되는 이전의 연금 보험료를 추납하는 경우, 경과 기간에 따라 가산액이 붙기 때문에 주의가 필요하다(우리나라의 경우, 기존에는 추납을 할 수 있는 기간에 제한이 없었으나 성실납

부자와의 형평성 문제를 해소하기 위하여 2021년 법 개정으로 납부 가능 기간을 10년 미만으로 축소했다-역주). 그런데 추납을 하려면 연금 보험료의 지불유예나 면제의 신청을 해야 한다. 이러한 신청을 하지 않고 연금 보험료를 납부하지 않는 것을 '미납'이라고 하며 미납분의 보험료는 나중에 추가로 낼 수 없다(우리나라의 경우, 미납 보험료에는 최대 5퍼센트의 연체료가 부과된다. 그리고 미납된 보험료의 징수권은 시효가 있기 때문에 3년이 지나면 내고 싶어도 낼 수가 없다-역주).

중요한 사실은, 노후의 생활을 설계할 때는 연금 수급액에서 사회보험료, 세금까지 포함해 약 10퍼센트 금액이 빠지는 것을 예상해서 실제 내 손에 쥐는 액수를 파악해야 한다는 점이다. 장래에 내가 받을 연금 수급액이 어느 정도 되는지는 '연금넷'에서 확인할 수 있기 때문에 자신이 미래에 수령할 연금액과 생활비를 미리 확인해서 계획을 세워두면 좋다(우리나라의 경우, 국민연금공단의 '내 연금 알아보기'에서 가능하다-역주). 이러한 확인 작업을 거치면 자신에게 닥칠 문제 상황이 더욱 명확해진다. 가령, 연금 수급액이 15만 엔이고 생활비가 20만 엔인 경우, 5만 엔 차이가 나는데 이를 어떻게 해결할 수 있을지 방법을 찾게 되고, 이것이 습관이 되면 노후 자금에 관한 불안도 자연히 줄어들 것이다.

모르면 손해 보는 '연금 수령 시기'

의외로 많은 사람들이 모르는, 연금으로 조금이라도 이득을 더 얻는 방법이 있다. 바로 연금 수령을 조금 뒤로 미루는 것이다 (우리나라의 경우, 이를 '연기 연금'이라 하며 1년 늦출 때마다 7.2퍼센트가 가산된다-역주). 연금은 원칙적으로 65세부터 수급하지만 60세부터 70세 중에서 언제 수령할지는 자신의 의사로 선택할 수 있다.

많은 사람들이 연금을 60세부터 받을 수 있다고 하면, 가능한 한 빨리 받아야 손해를 보지 않는다고 생각한다. 정말 그럴까? 국가는 그렇게 호락호락하지 않다. 60세부터 받는다면 연금 수급액이 30퍼센트나 깎인다. 20만 엔을 65세부터 받을 예정인 사람이라면 14만 엔이 되니 자그마치 6만 엔이나 줄어드는 것이다. 일찍 받을 수 있다 해서 일찍 받았는데 이런다니, 그야말로 기운 빠지는 일이 아닐 수 없다.

그런데 살다 보면 이런 일도 생길 수 있다. 60세인데 재취업도 결정되지 않았고 아직 다 갚지 못한 대출금이 많이 남았을 경우엔 어쩔 수 없이 줄어든 수급이라도 받고 싶어질 것이다. 실제로 60세부터 받는 사람이 30퍼센트나 된다. 만약 76세까지 산다면 65세부터 받는 편이 당연히 이득이다. 평균 수명으로 따져본다면 남성도 80세 이상이기 때문에 되도록 65세 이후부터 받는 편이 좋다고 생각한다.

한편 수급 개시 시기를 한 달 연장할 때마다 연금액이 0.7퍼센트 증가한다. 최대 70세까지 연장하면 연금 수급액은 42퍼센트나 올라간다. 그리고 이는 사망할 때까지 계속된다. 65세 개시로 연금 수급액이 20만 엔이라 했을 때, 70세 개시로 바꾸면 연금액은 28.4만 엔이니 실제로 월 8만 엔 이상 더 받는 셈이다. 매달 8만 엔이나 있으면 부부가 달마다 온천 여행을 가는 것도 가능하지 않을까.

오늘날 인생 100년 시대인 것을 고려하면, 최대한 연장하는 것도 좋은 방법이다. 그렇지만 현실적으로는 60세 정년퇴직을 하고 연금 수급이 시작될 때까지 필요한 생활비를 마련해야 할 것이다. 예금을 깨거나 새로 일을 시작한다거나 아니면 다른 불로소득으로 대응해야 한다. 게다가 2022년 4월부터는 75세까지 연장이 가능해진다. 연금 수급액은 1년당 84퍼센트가 증액된다.

여러분이 결국 언제 연금을 수령하는 것이 좋겠느냐고 내게 묻는다면, '68세'라고 답하겠다. 65세로 결정하면 65세부터 단박에 일할 의욕이 떨어지고 부지런한 습관이 해이해진다. 마라톤에서도 결승 테이프가 보이면 마음이 슬슬 느슨해지는 것처럼 말이다. 그래서 일부러 65세보다 조금 뒤인 68세를 목표지점으로 설정하는 전략이다.

몇 살부터 받아야 연금을 가장 많이 받을까

수급개시연령을 뒤로 미룰수록 매월 받을 수 있는 연금의 액수는 커지지만 받지 못하는 시기가 길어진다. 따라서 연금을 늦게 받겠다고 미뤘다가 받기 전에 사망한다면 '좀 일찍부터 받아둘걸……' 하고 후회하는 상황이 벌어질 수도 있다. 반대로 오래 살면 받을 수 있는 총액은 어느 한 연령에서 추월이 일어난다.

어느 연령에서 추월하는지를 현행의 제도와 개정 후의 제도(2022년 4월부터)로 살펴보자. 둘 다 조건은 다음과 같이 가정한다.

- 65세부터 매월 20만 엔의 연금을 받는다.
- 각각의 연령에서 1년분을 받는다.

현행 제도의 경우, 표11을 참고하길 바란다.

- 수급개시연령을 60세로 하면 월액 14만 엔이다. 반대로 70세로 미루면 월액 28.4만 엔을 받을 수 있다.
- 65세 수급 개시의 경우, 60세 수급 개시보다 수급 총액이 많아지는 것은 76세부터다.
- 68세 수급 개시의 경우, 60세 수급 개시보다 수급 총액이 많아지는 것은 78세부터. 65세 수급 개시보다 많아지는 것은 79세부터다.

- 70세 수급 개시의 경우, 60세 수급 개시보다 수급 총액이 많아지는 것은 79세부터, 65세 수급 개시보다 많아지는 것은 81세부터, 68세 수급 개시보다 많아지는 것은 84세부터다.

이와 동일하게 분석하면, 개정 후(2022년 4월 시행)의 경우 다음과 같이 바뀐다.

- 수급개시연령을 60세로 하면 월액 15.2만 엔이다. 반대로 70세로 미루면 월액 28.4만 엔, 75세로 하면 월액 36.8만 엔 받을 수 있다.
- 65세 수급 개시의 경우, 60세 수급 개시보다 수급 총액이 많아지는 것은 80세부터다.
- 68세 수급 개시의 경우, 60세 수급 개시보다 수급 총액이 많아지는 것은 80세부터, 65세 수급 개시보다 많아지는 것은 79세부터다.
- 70세 수급 개시의 경우, 60세 수급 개시보다 수급 총액이 많아지는 것은 81세부터, 65세 수급 개시보다 많아지는 것은 81세부터, 68세 수급 개시보다 많아지는 것은 84세부터다.
- 75세 수급 개시의 경우, 60세 수급 개시보다 수급 총액이 많아지는 것은 85세부터, 65세 수급 개시보다 많아지는 것은 86세부터, 68세 수급 개시보다 많아지는 것은 89세부터, 70세 수급 개시보다 많아지는 것은 91세부터다.

표11

연령에 따른 연금수취 총액 관계(현행제도 기준)

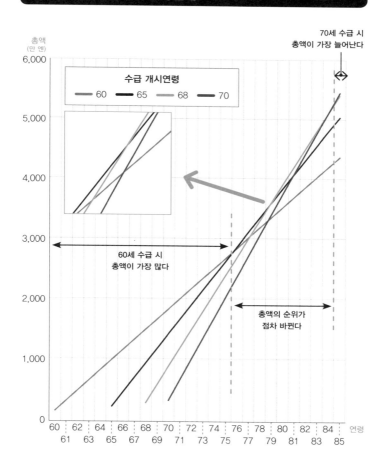

총액
(만 엔)

70세 수급 시
총액이 가장 늘어난다

수급 개시연령
━━ 60 ━━ 65 ━━ 68 ━━ 70

6,000

5,000

4,000

3,000

2,000

1,000

0

60세 수급 시
총액이 가장 많다

총액의 순위가
점차 바뀐다

60 61 62 63 64 65 66 67 68 69 70 71 72 73 74 75 76 77 78 79 80 81 82 83 84 85

연령

집안 내력을 보니 대대로 장수를 하는데 현재 예·적금이 별로 없다. 아이가 아직 독립하지 못했다 등 불안 요소가 있는 사람은 70세까지 일할 플랜을 세우고 68세가 되었을 때 다시 점검하자. '힘이 드니까 이제는 일을 그만둔다'와 '삶의 보람을 위해 일을 계속한다'라는 두 개의 선택지에서 고를 수 있도록 준비해두면 금상첨화다.

65세부터 연금 수급을 3년 정도 미루기만 해도 125.2퍼센트의 연금액 상승이 살아있는 동안 계속된다. 지금은 펀드나 개별 주식으로 돈을 모으는 시대라지만 이만큼 확실하게 늘릴 수 있는 방법은 없다.

41세에 시작한 부동산 임대업, 가장 확실한 노후 자금이 되다

연금만으로는 노후의 생활이 빡빡하다는 것을 알았으니 행동을 할 때다. 해결 방법 중 하나는 앞서 60세에서도 이미 설명한 바 있듯이, 자신이라는 자본을 이용하는 것이다. 월 10만 엔을 벌 수 있으면 정년 후에도 남은 주택 대출의 매월 변제도 가능하고 생활비의 적자분도 충분히 커버할 수 있다.

또 다른 방법은 불로수입을 만드는 것이다. 내가 권하는 불로수입의 정도는 월 10만 엔의 임대 수입 확보다. 매월 50만 엔이라 하면 목표가 너무 높지만 월 10만 엔이라면 '대출의 힘(레버리지)'과 '시간'을 이용해 실현할 수 있다. 실제로 나도 부동산 임대업을 41세부터 시작했고 그 후 수년 걸려서 대출을 끝냈다. 임대는 공실 리스크, 에어컨이나 급탕기의 고장, 입주자가 나간 뒤의 리폼 비용 등 연금만큼 안정된 것은 아니지만 불안정한 상장주의 배당이나 책 출판에 의한 인세 수입보다는 확실하고 안정된 불로수입이 되어준다.

대출을 다 갚은 지금은 경비를 뺀 매월 임대 수입을 두 아이의 교육비에 쓰려 한다. 그러다 65세가 넘으면 연금을 수급하지 않고 근로 수입과 임대 수입으로 몇 년을 지낼 계획이다. 부동산 임대업에 의한 불로수입은 연금과 닮은 면이 있는데 여러분이 오랫동안 가졌던 성실 습관과 노력의 결과다. 노후는 '연금 수입×근로 수입×임대 수입'의 3개 기둥을 조합해서 70세까지 견뎌내는 게 가장 이상적이다.

암 발병률이 급증하는 시기, 누구도 안전할 수 없다

불치병에서 '낫는 병'으로 바뀐 암

예전에는 암이라 하면 불치병이라 진단만으로도 사망선고와 다름없었다. 하지만 지금은 의료기술이 눈부시게 발달해 전체 환자 수의 약 60퍼센트가 치료를 받고 병이 온전히 나았으며, 초기 암이라면 90퍼센트 이상이 낫는다.

국립암연구센터의 2020년 발표에 따르면, 모든 부위, 모든 임상병기의 5년 생존율은 68.4퍼센트(2009~2011년에 진단된 14만 2,947건 사례 대상)다. 전년의 67.9퍼센트(2008~2010년에 진단된 14만 675건 사례 대상)에서 0.5퍼센트 포인트 상승했다. 좀 더 이전의 시기를 살펴보면 표13과 같다. 사망률은 1995년경부터 서서히 낮아지고 있음을 알 수 있다.

표12

사망자의 사망 원인 비율

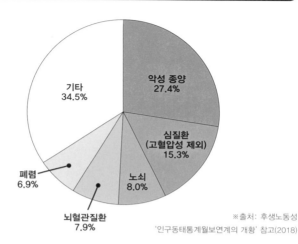

악성 종양
27.4%

기타
34.5%

심질환
(고혈압성 제외)
15.3%

노쇠
8.0%

폐렴
6.9%

뇌혈관질환
7.9%

※출처: 후생노동성
'인구동태통계월보연계의 개황' 참고(2018)

표13

부위별 암 연령조정사망률의 추이(1958~2015년)

인구 수(10만 명 대비)

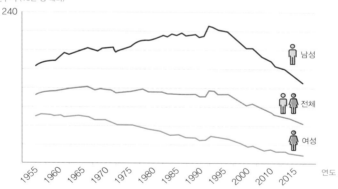

240

남성

전체

여성

1955 1960 1965 1970 1975 1980 1985 1990 1995 2000 2010 2015   연도

※출처: 국립암연구센터 암대책정보센터

그러니 설령 암을 진단받아도 너무 두려워할 필요는 없다. 제대로 알고 적절한 위기의식을 가진 다음 올바르게 대처하면 그만이다. 인간의 암세포는 하루에 5,000개 이상 새롭게 만들어지고 있다고 한다. 그렇게 많은 암세포가 있는데도 불구하고 우리가 건강하게 생활할 수 있는 이유는 면역세포가 암세포를 퇴치해주고 있기 때문이다. 지금 이 글을 읽는 순간에도 여러분과 내 몸에서 암세포가 만들어지고 있다. 나이를 먹을수록 면역력이 약해져서 매일 만들어지는 암세포에 다 대처할 수 없게 되어 생기는 병이 바로 '암'이다.

나의 어머니 역시 66세에 유방암을 진단받았다. 당시 나는 38세였고 홋카이도의 니세코에서 음식점을 경영하고 있었다. 어머니는 자식에게 걱정 끼치고 싶지 않았던 마음에 유방암 수술을 비밀리에 받았다. 다행히도 어머니는 수술 후에도 암이 재발하지 않았고, 여전히 손주와 놀아주는 것을 삶의 보람으로 느끼며 즐겁게 지내고 계신다. 암은 내 곁에 있는 질병이지만, 도움을 받아 이겨낼 가능성이 훨씬 높아졌다는 희망을 가지면 좋겠다.

65세부터는 남성이 훨씬 암에 걸릴 확률이 높다

암 사망률은 남녀 모두 60대부터 증가하는데, 65세를 넘기면서 특히 남성에게서 훨씬 두드러진다(표14 참고). 왜 이럴까? 암이 생기는 습관과 원인에는 흡연, 과도한 음주, 식사, 비만, 바이러스 감염, 스트레스가 있기 때문이다. 흡연이 폐암을 비롯한 다양한 암의 원인이 된다는 사실은 이미 많은 연구를 통해 밝혀졌다. 담배를 피워왔던 사람은 이제라도 금연을 시작하면 암에 걸릴 위험을 충분히 낮출 수 있다.

음주는 대장암, 간암, 구강암, 인두암, 후두암, 식도암, 유방암의 위험을 높인다. 흡연자가 음주까지 하면 식도암, 암 전체 발병 위험이 특히 높아진다.

식사의 경우, 소고기와 돼지고기, 양고기 같은 붉은살고기와 가공육은 대장암의 위험을 올린다. 염장 식품은 위암의 위험을 올릴 가능성이 크다. 비만으로 인한 식도, 이자, 간장, 대장, 유방(폐경 후), 자궁체부, 신장의 암 발병률 또한 확실히 높다.

스트레스 역시 빼놓을 수 없는 주요 원인이다. 회사에서 받는 업무 강도와 매출에 대한 압박, 불편한 인간관계, 코로나에 의한 거리두기와 이동제한도 이 시기 연령대에게 큰 스트레스를 유발한다.

표14

암에 의한 연령별 사망률(모든 부위/2018년)

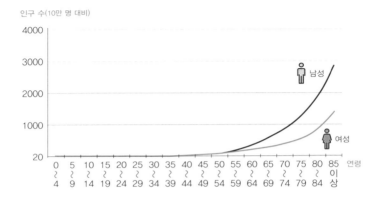

인구 수(10만 명 대비)

※출처: 국립암연구센터 암대책정보센터

암 검사를 해마다 정기적으로 받아야 하는 이유

암에 대응할 때에 무엇보다 중요한 것은 조기발견과 조기치료다. 조기에 발견하지 못하면 암세포는 성장 속도를 높여서 금방 커지고 만다. 예를 들어 암세포가 직경 1센티미터 정도까지 성장하는 데에는 10~20년 정도 걸리지만 2센티미터가 되는 데는 겨우 1~2년 정도다. 왜냐하면 암세포는 1개에서 2개까지는 느리지만 2개에서 4개, 4개에서 8개처럼 '배로 증가하는' 세포분열에 의해 증가하기 때문이다.

위암의 경우, 1기에서의 5년 생존율은 90퍼센트 정도로 매

표15

암 검진의 국제 비교

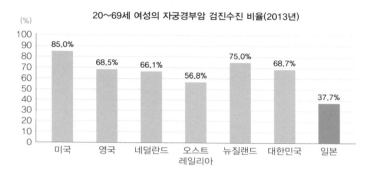

20~69세 여성의 자궁경부암 검진수진 비율(2013년)

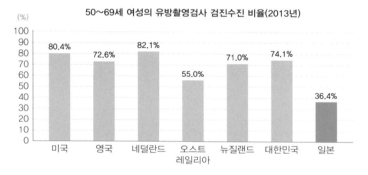

50~69세 여성의 유방촬영검사 검진수진 비율(2013년)

※출처: OECD, OECD Health Data(2013)

우 높지만, 3기에서는 약 50퍼센트, 4기에서는 약 6퍼센트까지 급격히 떨어지며, 암이 진행할수록 단계의 숫자는 커진다(우리나라의 경우, 위암의 진행은 위벽의 암 침윤도와 위 주변의 림프절에 암이 얼마나 전이됐는지, 그 외 다른 먼 곳에의 암세포 전이 정도에 따라 1기부터 4기까지 분류한다-역주).

만일 여러분이 해마다 암 검사를 받고 있지 않다면 배우자와 함께 해마다 받길 강력히 권한다. 자동차를 소유한 사람은 정기적으로 자동차 검사를 받는다. 한 달에 몇 번 타지 않는 자동차에는 십수만 엔의 비용을 쓰고 있으면서, 365일 24시간 일을 하는 자신의 몸을 검사하는 데 돈을 쓰지 않다니, 아무리 생각해도 이상하지 않은가.

가격도 저렴하고 검사도 편한 'N-NOSE' 검사

암은 불치병에서 낫는 병으로 바뀌었고 암 치료 기술도 눈부시게 발달했다지만 4기인 말기암은 좀 다르다. 따라서 조기발견이 중요한 만큼 정기적인 검사가 필요한데 대부분 직장에서 실시하는 건강검사 즉 일반적으로 초음파, 내시경, 엑스레이, CT, MRI를 사용한 검사만 받는다.

이에 조금 새로운 암 검사 방법을 소개한다. 길이가 1밀리미터 정도의 선충을 이용해 소변으로 암의 위험을 진단하는 'N-NOSE'(엔노우즈) 검사다. 선충은 개의 1.5배나 되는 후각 민감도를 갖고 있어서 암에 걸린 이환자와 건강한 사람의 소변

이온을 냄새로 구분한다고 한다. 선충의 움직임으로 암을 진단하는 것이다.

고작 소변 한 방울로 전신의 암을 조사할 수 있고, 게다가 보험이 적용되지 않아도 약 9,800엔(세금 별도)밖에 안 되니 생각보다 비싸지 않다. 정말 획기적인 방법이긴 하나, 안타깝게도 실시하고 있는 의료기관은 극히 소수다.

또한 N-NOSE는 암 위험도를 평가하는 방법일 뿐 암을 진단하는 검사가 아니다. 어디까지나 1차 질병 유무 감별의 수단으로 활용하고 그 결과에서 만약 의심스러운 점이 나타나면 좀 더 자세한 검사를 받아야 한다.

남성은 '전립샘암'과 '위암', 여성은 '유방암'을 주의하자

암의 발병 유형도 세대마다 변화해왔다. 옛날에는 폐암과 위암이 2대 암이었으나, 오늘날은 위암, 유방암, 전립샘암이 상위에 올라 있다. 폐암이 줄어든 이유는 전 세계적으로 금연 운동이 활발해서일 것이라 추측된다.

이 중에서도 여성이 특히 주의해야 하는 것이 유방암이다. 사망률은 전체의 5위지만 발병자 수는 해마다 상승하고 있다. 생애 중 유방암에 걸리는 여성의 비율은 50년 전에는 50명에 1명

표16

성별·부위별 암 이환율(어떤 일정한 기간 내에 발생한 환자의 수를 인구당의 비율로 나타낸 것-역주)

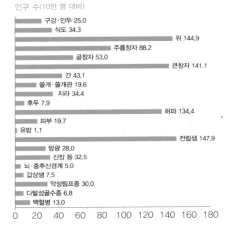

 남성의 부위별
암이환율
(전 연령)

인구 수(10만 명 대비)

- 구강·인두 25.0
- 식도 34.3
- 위 144.9
- 주름창자 88.2
- 곧창자 53.0
- 큰창자 141.1
- 간 43.1
- 쓸개·쓸개관 19.6
- 지라 34.4
- 후두 7.9
- 허파 134.4
- 피부 19.7
- 유방 1.1
- 전립샘 147.9
- 방광 28.0
- 신장 등 32.5
- 뇌·중추신경계 5.0
- 갑상샘 7.5
- 악성림프종 30.0
- 다발성골수종 6.8
- 백혈병 13.0

0 20 40 60 80 100 120 140 160 180

 여성의 부위별
암이환율
(전 연령)

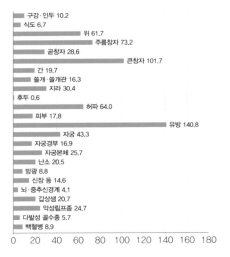

- 구강·인두 10.2
- 식도 6.7
- 위 61.7
- 주름창자 73.2
- 곧창자 28.6
- 큰창자 101.7
- 간 19.7
- 쓸개·쓸개관 16.3
- 지라 30.4
- 후두 0.6
- 허파 64.0
- 피부 17.8
- 유방 140.8
- 자궁 43.3
- 자궁경부 16.9
- 자궁본체 25.7
- 난소 20.5
- 방광 8.8
- 신장 등 14.6
- 뇌·중추신경계 4.1
- 갑상샘 20.7
- 악성림프종 24.7
- 다발성 골수종 5.7
- 백혈병 8.9

0 20 40 60 80 100 120 140 160 180

※출처: 국립암연구센터 '최신 암 통계' 참고(2017)

이었다. 하지만 현재는 12명에 1명이라 하며 연간 6만 명 이상이 유방암으로 진단되고 있다.

유방암에 따른 사망률 역시 증가하는 추세다. 연간 약 1만 3,000만 명이 사망하고 있으며 이는 유방암 발병자 중 20퍼센트에나 이른다. 하지만 다행히 유방암은 1기에서 발견해 제대로 된 치료를 받으면 거의 완치된다.

암을 치료하기 전에 반드시 체크해야 할 것들

일본의료정책기구에서 실시한 설문조사에 따르면, 한 사람당 암 치료에 드는 비용이 연간 평균 115만 엔이라는 결과가 나왔다. 실제로는 고액요양비제도가 있기 때문에 이보다 적은 비용으로 가능하지만, 만약 표준치료가 아니라 선진의료를 희망하는 경우라면 이야기가 달라진다(선진의료는 의료 안전성을 확보하고 국민의 의료 선택을 확대하며 편리성을 높이기 위해 일본에서 마련된 것으로 일정 요건을 갖춘 의료기관에서만 가능하다-역주). 선진의료는 보험 적용이 되지 않기 때문에 고액요양비제도가 적용되지 않아 1회의 치료비가 수백만 엔을 넘기도 한다.

먼저 표준치료부터 설명하겠다. 글자 그대로 평균적인 치료가 이루어질 거라 생각하는 사람이 많을 텐데, 표준치료는 현시점에서 이용할 수 있고 과학적인 근거에 바탕을 둔 가장 최선의 치료법을 가리킨다. 그래서 표준치료에는 보험이 적용된다.

한편 선진의료는 이른바 장래의 표준치료 예비군으로 이해 하면 쉬울 것이고 보험은 적용되지 않는다.

암 치료에 있어서도 새로운 치료법이나 신약이 나오자마자 곧바로 보험 적용이 되는 게 아니다. 환자에게 안전한 치료법인 지, 치료의 새로운 선택지로 걸맞은지, 게다가 환자의 경제적인 부담의 경감으로 이어지는지 등 다각도로 평가해서 일정 기준 을 만족한 경우에 표준 치료로서 보험 적용이 되는 것이다.

따라서 일단 표준치료부터 시작해야 한다. 하지만 전립샘암 인데 절제하고 싶지 않다거나 인두암이라 해도 성대는 없애고 싶지 않다면, 다른 의사에 의한 2차 소견 등을 활용해서 선진의 료나 보험진료 외 여러 가능성을 열어두고 상담받기를 권한다. 이러한 치료에는 중립자선 치료와 양자선 치료가 있는데, 약 300만 엔의 비용이 들며 모두 자기부담이다. 그러니 암보험에 가입할 때 '선진의료특약'을 추가하는 것도 좋은 방법이다. 암보 험에 수백 엔 정도 추가하면 가입할 수 있다.

물론 중립자선 치료와 양자선 치료에도 종류가 있기 때문에 특약을 넣었다 해서 반드시 보험금이 나온다는 보장도 없다. 반 드시 미리 알아보고 주의가 필요하다. 아니면 암이라고 진단되면 일시금으로 300만 엔이 지급되는 보험으로 검토해도 좋겠다. 이처럼 암에는 다양한 치료법이 있다. 주위로부터 상담과 조언을 구하는 것도 중요하지만 어디까지나 정보수집 차원이어야 한다. 결단을 내릴 때에 다른 사람의 의견을 곧이곧대로 받아들인다거나 조언을 듣던 때의 인상으로 판단하는 것은 매우 위험하다. 결국 '암 치료법'도 '자신의 인생'도 스스로 결정하는 것이 바람직하다.

2부

마지막까지 건강하고
우아한 삶을 위하여

70세 이후 당신에게 다가올 노후 문제들

평생 모은 전 재산이
10년도 못 가 사라지다

의료비와 돌봄비가 한꺼번에 물밀듯이 몰려오는 시기

70세가 되면 이제 일터로 향하는 사람은 거의 없다. 많은 사람이 65세부터 받는 연금수입에 맞춰 생활한다. 컨디션도 생각보다 나쁘지 않게 때문에 고령자라는 말에 아직 익숙하지 않다. 그렇다고 절대 안심해선 안 된다. 이 시기는 마치 성난 파도가 닥치기 직전의 고요함과도 같다. 이후 여러분에게 '의료비'와 '돌봄비'가 한꺼번에 물밀듯이 밀려올 것이란 뜻이다.

건강을 잃으면 돈도 단숨에 잃는 법이다. 건강이 불안한 이 시기에서는 자신이 생활비를 예상보다 더 많이 쓰고 있진 않은지, 펀드에 넣은 잔고가 얼마나 늘거나 혹은 줄었는지 등 자산 보유액을 확실히 파악해둬야 한다. 적자가 지속되는 가정 경제를 메우기 위해 저축액을 야금야금 빼내 쓰다가 정신을 차려보니 잔고는 100만 엔을 밑돌고 있어 생활보호를 받게 되는 사람들이 대부분 이 시기에 몰려 있다.

그렇다면 70세 이상 고령자는 대략 어느 정도의 자산을 갖고 있을까? 한 기관의 조사결과에 의하면, 70세 이상 고령자의 평균 자산 보유액은 약 1,314만 엔이다(2인 이상 세대 기준). 그러나 이 수치에는 부유층도 포함되어 있다. 실제 중앙값(수치를 작은 순서부터 늘어놓았을 때 한가운데에 오는 수치)의 자산액은 460만 엔이니, 결국 자산액이 460만 엔인 가정이 많다고 볼 수 있다.

이 금액에는 현금 예금만이 아니라 유가증권과 보험도 포함되어 있다. 다시 말해, 필요할 때 바로 쓸 수 있는 돈은 훨씬 적을 수밖에 없다. 정기예금이나 펀드, 적립형 보험 등은 곧바로 쓸 수 없는 재산, 즉 '반동결자산'이다. 따라서 보통예금 혹은 현금카드가 있으면 필요할 때마다 돈을 쓸 수 있지만 반동결자산은 해약이나 매각 등의 절차를 몇 단계 거쳐야 비로소 꺼내 쓸 수 있다. 게다가 막상 해약이나 매각하려 해도 쉽지 않다. 펀드는 투자했던 당시보다 자산이 줄어 있을 수 있기 때문에 좀 더 기다릴까 하는 마음이 생길 수 있다. 보험도 약정 만기 이전에 해약하면 손해를 본다. 정기예금도 몇 년 갖고 있지 않으면 이자 한 푼 붙지 않는다.

총무성 '2019년 가계조사보고'에 의하면, 고령 부부 무직세대(남편 65세 이상, 아내 60세 이상)의 가처분소득은 약 21만 엔이다. 지출은 24만 엔 정도로, 평범하게 생활하고 있을 뿐인데도 매월 3만 엔, 연간 36만 엔의 적자가 발생한다. 갖고 있는 자산이 만약 현금으로 460만 엔이라면 약 12년 정도에 고갈되는 셈이다.

조금이라도 여유가 있는 노후생활을 보내려면 매월 36만 엔의 생활비가 필요하다고들 한다. 만약 이 부부가 그렇게 살면 적자액은 매월 15만 엔까지 크게 늘어난다. 3년도 되지 않아 노후 자금은 고갈한다. 이럴 정도로 적자 생활을 하는 사람은 거의 없겠지만, 만일 질병이나 돌봄이 필요하게 되면 어떨까? 매월 적자액이 10만 엔 이상 든다. 그렇게 되면 70세 시점에 1,000만 엔의 현금이 있더라도 10년도 못 가 사라질 것이다.

집이나 부동산을 판다고 해서 해결될 문제가 아니다

70세가 되어 경제적 위기를 맞게 되면, 대다수가 고르는 선택지는 바로 '자택 매각'이다. 현재 살고 있는 집을 팔아 좀 더 자그마한 집으로 이사를 가고, 그 차익을 노후 자금으로 쓰려는 것이다.

하지만 이 역시 생각처럼 간단하지 않다. 집을 팔았을 경우 과연 그 돈이 얼마가 될까. 만일 여러분이 30세 때 구입했던 집이라면 현시점에서는 지은 지 40년이 지났을 텐데, 이런 경우 건물의 가치는 거의 없다. 게다가 여러분이 살고 있는 지역과 장소가 '누구나 살고 싶은 동네'가 아니라 그리 인기도 없는 곳이라면? 땅에 대한 가격도 이미 떨어졌을 가능성마저 높다.

설령, 자택이 매각되었다고 가정해보자. 어디에서 어떻게 살 것인가? 만일 여러분의 자녀가 살고 있는 곳에서 같이 살 수 있으면 문제는 간단히 해결된다. 그러나 모든 자녀가 부모를 기꺼이 모시고 싶어 한다고 볼 수 없고, 비록 자녀가 허락할지라도 자녀의 배우자마저 찬성해주리라고 단정할 수 없는 것이 현실이다.

70세를 넘기면 일할 수 있는 직장도 줄어들고 운 좋게 소일거리를 얻게 되더라도 임금은 그야말로 기대할 만한 수준이 되지 못한다. 물론 생활비 적자분을 다달이 10만 엔의 아르바이트 수입으로 메꾸는 방법도 생각할 수 있다. 시급이 1,000엔이라 하면, 매일 5시간×20일 동안 일하면 가능하다.

숫자로만 보면 그리 어려운 일이 아닐 것 같겠지만, 이 계산에는 어디까지나 심신이 건강하다는 전제가 깔려 있다. 70세가 넘으면 노화가 확실히 진행돼 현역 시절과는 비교도 되지 않을 만큼 행동이 느려지고 둔해진다. 즉, 시간제 일이라도 해서 적자분 전부를 보충하겠다는 선택지는 현실적으로 어렵다는 뜻이다.

노후 파산을 겪는 사람들에게 흔히 나타나는 3가지 패턴

노후는 현역 시절과 달라서 매월의 가계가 적자가 되기 쉬운 구조로 바뀐다. 여기서 노후 파산이 일어나기 쉬운 세 가지 패턴을 소개하겠다. 부디 자신이 놓인(아니면 놓일 것 같은) 상황과 비교해가면서 읽어주길 바란다.

1. 연금수입이 없다

연금은 현역 시절 노력의 결과다. 아무리 돈을 벌더라도 연금을 납부하지 않았으면 노후에 받는 연금은 없다. 회사원 중에는 전직을 하느라 연금을 못 낸 기간이 있는 사람도 많다(나도 자영업을 할 때 연금을 납부하지 않고 있었다). 자영업이라면 그리고 의사나 변호사처럼 비교적 고소득인 직업도 연금 수급액은 적다.

65세의 연금 평균 수급액은 14만 7,000엔이다. 건강할 때는 일을 해서 여유 있는 생활을 할 수 있지만 저축액이 300만 엔밖에 안 되면 순식간에 바닥을 찍는다. 노후는 돈을 벌 힘이 점점 떨어지기 때문에 연금액이 적으면 파산할 확률이 높다.

예상 연금이 22만 엔이었지만 65세 때 생각지 못한 황혼이 혼을 하게 됐고 그 때문에 연금도 분할대상이 되어 월 13만 엔으로 혼자 사는 사례도 있다.

2. 저축액이 적다

자산을 매각하려 해도 팔리지 않는다거나 헐값으로 팔 수밖에 없을 경우, 저축액이 적으면 노후 파산을 피하기 어렵다. 연금 수입이 적으면 저축액에 의지할 수밖에 없기 때문이다.

자택 이외의 부동산이 있어도 지방에 있는 땅이라 매각을 해도 이렇다 할 돈이 되지 않고 임대수입을 얻지 못하는 것들뿐이라며 한탄하는 사람도 적지 않다. 이른바 '땅 있음, 돈 없음'이다. 간혹 집안 대대로 내려온 땅이기 때문에 팔 수 없다는 사람도 있다. 하지만 당신이 팔지 않으면 당신이 사망한 후 그 땅을 상속한 배우자나 자녀는 더더욱 팔 수 없게 될 것이다. 집안사람들로부터 손가락질받을 텐데 그런 일을 상속자가 어떻게 하겠는가.

저축액이 적은 사람은 일단 자신의 재산을 마치 재고 정리하듯 속속들이 꺼내고 들여다봐서 혹시 현금화할 수 있는 것은 없는지 확인하자. 재산 중에서도 현금화가 가능한 것이라면 저축액에 따라 수시로 매각하자. 돈이 없어서 정말로 곤란한 것은 당신이 아니라 당신의 소중한 배우자와 자녀다.

3. 사회적으로 고립되어 있다

만약의 사태가 벌어졌을 때 도움을 받을 수 있는 사람이 주변에 없다는 점은 노후에 커다란 위험요소다. 고령자는 작은 일에도 체력이 망가지기 쉽다. 기력이 없다고 외출하지 않으면 체력은 한층 더 떨어지고 기운 없어서 영양은 무시하고 대충 때우는 식

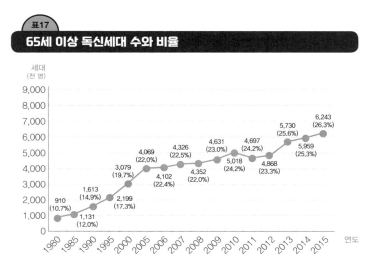

표17
65세 이상 독신세대 수와 비율

세대
(천 명)

※출처: 내각부 '고령자의 가족과 세대' 참고

사를 하면 건강까지 잃는다. 여기저기 자꾸 아프면 의료비가 들게 되고 돌봄비가 발생할 수도 있다.

또 고립해 있으면 사람과 대화하는 일이 거의 없어 외로움을 느끼기 쉽다. 최근 외로운 노인들에게 접근해 호감을 산 뒤 자산을 빼돌리는 사기를 치거나 전화로 꾀어내는 보이스피싱에 당하는 사례가 증가하는 것도 이를 증명한다.

자녀나 배우자가 있다면 이와 같은 사기를 금방 알아챌 수 있지만 혼자라면 속수무책으로 당하기 십상이다. 문제는 표17에서도 알 수 있듯이, 1인 고령자 가구가 급증하고 있다는 점이다.

과거 30년 동안 혼자 사는 남성은 약 10배, 혼자 사는 여성은 약 6배 증가했다는 데이터도 있다. 1인 가구가 곧 노후 파산을 의미하지는 않지만 상의할 사람이 없다는 사회적 고립이 노후 파산에 간접적으로라도 적지 않은 영향을 주고 있다.

자녀가 다시 백수가 되고, 이혼해서 돌아오다

중장년이 된 은둔형 외톨이의 증가

'은둔형 외톨이'라고 하면 학교생활에 적응하지 못해 등교를 거부하는 아이를 떠올리는 사람들이 많다. 하지만 오늘날에는 은둔형 외톨이도 고령화가 진행되고 있다. 최근 내각부에서 실시한 조사에 따르면 일본에 거주하는 은둔형 외톨이 중 연령이 15~39세에 해당하는 사람은 약 54만 명, 40~65세에 해당하는 사람은 약 61만 명이라는 결과가 나왔는데, 수치가 거의 비슷하다.

40대는 일반적으로 한창 일할 나이다. 부모님 슬하에서 진즉에 독립했어야 할 나이인데도 다양한 이유로 은둔형 외톨이가 된 것이다. 바깥 생활을 하지 않으니 수입도 끊겨서 부모가 생활비를 돕기까지 한다. 하지만 이들 부모는 이미 은퇴를 했고 연금으로 근근이 생활하는 경우가 대부분이다. 이처럼 중장년의 칩거는 가정 내의 인간관계만이 아니라 금전적으로도 힘들게 하는 위험 요소가 된다.

은둔형 외톨이에는 두 가지 유형이 있다. 일반적인 유형은 10대 때부터 학교 등교 거부, 왕따 등 때문에 집에만 있다가 그대로 성장해 사회인이 된 경우다. 사회인이 되어도 회사 사람들에게 상처를 입어 은둔 기질이 부활한다. 그 상태로는 사회 복귀도 어려워져서 니트족(일하지 않고 일할 의지도 없는 청년 무직자를 뜻하는 신조어-역주)이 되고, 그렇게 시간이 흘러 중장년이 된다. 만약 현재 청소년인 아이가 은둔형 외톨이의 조짐이 보인다면, 그 부모는 노후 때도 함께 사는 것에 대해 반드시 대비해야한다(은둔의 평균 기간은 약 10년이다).

또 다른 하나는, 사회인이 되어 10년 혹은 20년간 일을 한 뒤에 집 안에 틀어박히는 유형이다. 내각부에 의한 중장년의 은둔형 외톨이 조사에 따르면 '정사원으로 일한 경험이 있는 사람'이 73.9퍼센트나 된다. 중장년의 은둔형 외톨이라 해도 4명 중 3명은 신입 때부터 일정 기간 정사원으로 사회생활을 훌륭하게 보냈다는 사실을 의미하는 수치다.

실직, 이혼… 다시 돌아온 자녀들

버블 붕괴 이후 30년, 세상은 상상 이상의 많은 경제적 변화가 일어났고 이에 따라 기업간의 경쟁도 더욱 극심해졌다. 오늘날은 회사 재건책의 수단으로 인력 구조 조정이 흔하게 이용돼서 40대의 한창 일할 나이 정사원이라도 구조 조정에 직면하는 경우가 드물지 않게 되었다. 중년이 된 지 얼마 안 됐는데 갑자기 전직하라고 내몰리는 것이다. 게다가 특별한 능력이나 경력이 없으면 재취업도 어려운 연령이다.

비정규직이나 아르바이트라면 일자리가 있겠지만 새파랗게 어린 사람의 지시를 받거나 때로는 성질을 받아내면서 일하는 건 정신적인 고통이 따른다. 그러다 보면 일할 의욕이 떨어지고, 그 상태 그대로 은둔형 외톨이로 전락되고 만다. 자식이 40이 넘는 중년이 되어 본가로 다시 들어올 걸 상상했을 부모가 과연 몇이나 될까. 하지만 오늘날 바뀐 사회 환경을 감안한다면 충분히 일어날 수 있는 일이다. 나이 든 자녀가 아무 문제없이 회사를 잘 다니고 있는 것처럼 보이겠지만, 실상은 하루하루 스트레스와 싸우면서 일을 하고 있는 것이다. 설령 구조 조정까지는 가지 않더라도 소위 출세 코스에서 벗어나고 말았다는 스트레스 때문에 알코올 의존이나 출근 거부를 하는 경우도 있다.

과한 스트레스는 간혹 아내와 자녀를 향한 폭력으로 발전하기도 해서 부부간의 갈등이 커지고 이로 인해 이혼하게 되는 경우도 허다하다. 대개 아내는 아이를 데리고 친정으로 가버리는데, 아내의 부모 입장에서는 딸과 손주의 생활비까지 부담해야 하니, 뜻하지 않게 노후 자금에 큰 타격을 입게 된다.

성인이 되어서도 자존감 낮은 자녀, 어떻게 도와줘야 할까

은둔형 외톨이가 되는 원인에는 다양한 요소가 존재하지만 공통점이 하나 있다. 바로 '자기긍정감'이 낮다는 점이다. 자기긍정감이란 '자신의 가능성을 믿고, 스스로 해낼 수 있다는 자신감을 가지며, 자신을 긍정적으로 인식하는 것'을 말한다. 자기긍정감이 낮다는 것은 자신의 가능성을 믿지 않고 언제나 부정적으로 생각한다는 말과 같다. 이를 '자기부정감'이라고도 표현한다. '나는 안 돼. 할 수 없어. 나는 살 가치가 없어. 죽고 싶어' 하는 부정적인 사고를 머릿속에서 반복하다가 결국 '사람도 만나고 싶지 않고 집에만 있고 싶다'는 행동으로 나타나게 된다.

아무리 유명한 대학을 졸업하고 알아주는 대기업에 취직했어도, 미래는 약속되어 있지 않은 것이 오늘날의 사회다. 지금은 살다가 역경을 만나도 맥없이 좌절하지 않고 내 것은 스스로 지키는 능력이 무엇보다 중요한 시대다. 그런데 사회인이 되었다고 해서 어느 날 갑자기 멘탈이 강해지는 일은 없으니, 어렸을 때부터 자립적인 아이로 키워나가야 어떤 고난에도 견딜 수 있는 어른으로 성장할 것이다.

자녀가 이미 사회인인데 자기긍정감이 낮은 경우는 어떻게 해야 좋을까? 사회인이 되면 '동기와 비교할 때 영업성과가 나쁘다', '거래처와의 소통이 원활하지 못하다' 등 극심한 비교와 경쟁을 부추기는 환경 탓에 자기긍정감이 낮아지는 요인이 전보다 더 늘어난다. 게다가 직장에서 만난 사람들은 가족도 친구도 아니기에 내 뜻대로 잘 풀리지 않고 소통에 어려움을 겪을 수밖에 없다. 누구라도 실패가 당연한데, 이러한 사전 인식이 없으면 '나는 할 수 없어', '무능해'라고 생각하기 쉬워진다. 따라서 '괜찮아, 그럴 수도 있지', '나는 할 만큼 다 했어' 하는 자기 수용의 자세가 필요하다. 만약 자녀가 힘든 상황을 털어놓으며 자기긍정감이 떨어져 있는 상태라면, 어떤 조언도 하지 말고 '지금 이대로도 충분히 괜찮아', '너다워서 참 좋아' 하고 인정해주는 말을 건네자.

무엇보다 자녀가 살아가는 동안 아무리 고통스럽고, 슬프고, 좌절하는 순간이 찾아오더라도 부모는 언제나 뒤에서 기다리고 있으며, 힘들면 언제든지 찾아와 편히 쉴 수 있다는 마음을 전하는 일이 가장 중요하다. 마음이 너덜너덜한 상태에서 일류

기업에서 일하는 것보다는 정신적으로 안정되고 보람 있는 일을 하겠다는 자녀의 선택을 부모가 격려해주자.

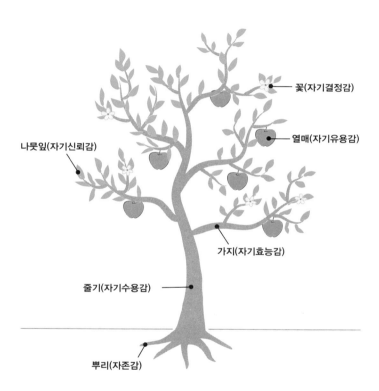

꽃(자기결정감)

열매(자기유용감)

나뭇잎(자기신뢰감)

가지(자기효능감)

줄기(자기수용감)

뿌리(자존감)

의료비에 간병비까지, 인생 최대의 경제 손실이 닥치다

베이비 붐 세대가 75세 이상이 되는
2025년부터 고비가 찾아온다

75세가 되면 질병이 나타날 비율이 단번에 증가한다. 65세부터 74세까지를 '전기 고령자'라 하는데, 돌봄이 필요하다고 신청하는 사람이 전기 고령자의 약 4.3퍼센트를 차지한다는 수치만 봐도 이를 짐작할 수 있다.

또한 75세를 지나면 돌봄필요 신청 비율이 더욱 가파르게 상승한다. 75세 이상인 후기 고령자에 해당하는 555만 명이 돌봄필요인정을 받고 있다. 실제로 후기 고령자의 3명 중 1명이 돌봄필요인정자다. 돌봄필요 제도를 모르는 사람, 알고 있지만 신청하지 않은 사람까지 포함하면 그 수는 더 많아질 것이다.

돌봄필요를 신청하려면 주치의의 의견서를 반드시 첨부해야 한다. 진단내용은 치매, 뇌혈관질환, 골절, 관절질환, 심장병, 당뇨병, 암, 호흡기질환, 시각장애 등이 대표적이며 뇌의 질병과 신체 질병으로 크게 나뉜다. 돌봄필요 상태가 늘어난다는 의미는 질병으로 인해 건강하지 못한 사람이 늘고 있다는 의미이고, 75세가 되면 누구나 어딘가 아플 확률이 두드러지게 상승한다는 뜻이다.

그렇다고 개개인의 질병이 나으면 수명이 늘어난다고 장담할 수 있는 것도 아니다. 마치 두더지 잡기 게임처럼, 하나의 질병이 나으면 또 다른 질병이 나타난다. 이쪽 암을 치료했더니 다른 쪽에 새로운 암이 생긴다거나, 치매나 심부전이란 전혀 다른 질병이 나타나기도 한다. 병원에서의 치료도 각각의 질병을 치료하는 방식이지 질병에 잘 걸리지 않는 몸으로 만들어주는 게 아니다.

돈도 무시할 수 없다. 확실히 75세부터는 후기 고령자이기 때문에 의료비는 10퍼센트만 부담하면 된다(고액소득 등 일부의 예외를 제외한다). 그렇지만 75세부터 아픈 곳이 꽤 늘고 덩달아 진료의 횟수도 증가하기 때문에 비록 20퍼센트의 부담이 10퍼센트로 낮아졌다 해도 젊었을 때보다 의료비 총액이 커지는 것은 누구나 충분히 예상할 수 있다.

여성과 남성으로 나눠 살펴보면 특히 신경을 써야 할 질병이 달라진다. 오른쪽 표18을 보면 남성은 뇌졸중 등의 뇌혈관질환이고, 돌봄이 필요한 원인 중 30퍼센트를 차지한다. 여성의 경우는, 돌봄 원인으로 가장 많은 것이 치매로, 20퍼센트에 이른다. 또 여성은 골절과 관절질환이 남성보다 많다. 여성은 완경 후 뼈를 만드는 호르몬이 줄어서 골밀도가 약해지고 골절되기 쉬운 상태가 되는데 이것이 골엉성증(골다공증)이다.

따라서 질병의 예방도 중요하지만 질병이 없더라도 이미 건강하지 않은 상태에 놓여 있기 때문에 늘 위험이 도사리고 있음을 알아야 한다. '지쳤다', '몸이 무겁다', '외출할 수 없다', '무거운 물건을 들 수 없다', '예전보다 더 많이 깜박깜박 잊는다' 등 딱히 질병이 있어서 그렇다고 하기 어려운 것들이다. 하지만 이처럼 건강하지 않은 상태가 생활하는 데 불편한 것은 사실이다.

의료비, 간병비를 능가하는 또 다른 경제적 손실

병에 걸리면 통원 또는 입원을 하게 된다. 개인의 한평생 의료비는 평균으로 잡아 2,724만 엔이다. 그중 절반 정도 되는 비용이 70세 이상부터라 하니 고령이 되면서 여기저기 얼마나 아프게 되는지를 의료비로도 알 수 있다.

표18
성별에 따른 돌봄의 원인

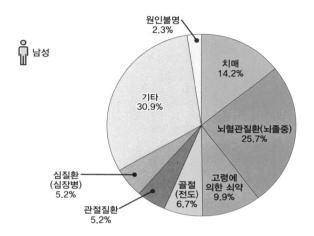

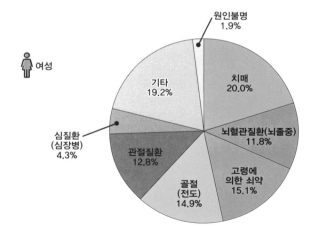

※출처: 후생노동성 '그래프로 보는 세대의 상황'(2018)

노후에 늘어나는 지출은 의료비만이 아니다. 돌봄 비용의 존재가 매우 크기 때문이다. 평균적인 노후 가정이라면 자택돌봄을 5년 동안 해도 약 500만 엔이 든다. 게다가 일반적인 민간 시설에 5년 입소하면 비용은 더 상승해서 합계 약 2,000만 엔까지 치솟는다. 여기에 의료비와 돌봄비 말고도 가계를 압박하는 것이 하나 더 있다. 바로 가족의 수입원이다.

평일에는 일을 쉬고 병원에 동행한다. 그러다 혼자 있을 수 없는 상태가 되면 일을 그만두고 돌봄에 전념하지 않으면 안 된다. 50세에 돌봄퇴직을 한다고 가정해보자. 연수입 500만 엔의 경우라면 10년 동안 5,000만 엔이라는 경제적 이익을 손해 보게 된다.

정신적인 부담을 더하면 생활의 질도 일순간에 떨어진다. 돌봄 피로로 불면과 스트레스가 쌓이고 그러다 병이라도 생기면 거기서 다시 의료비가 발생한다.

이처럼 생각하지도 못한 지출이 눈덩이처럼 불어나는 경우도 일어날 수 있다. 게다가 노후의 돌봄비와 의료비는 장기간에 걸쳐 지속된다. 보험 덕분에 의료비는 저렴할 것이라고 안심해서는 안 되는 이유다.

노쇠해지는 시기를 의도적으로 늦출 수 있다

돈에 대한 이야기는 잠시 접어두고 다시 건강 이야기로 돌아가자. 75세가 되면 누구나 병을 앓는 건 아니다. 고령자의 약 10퍼센트가 사망하는 순간까지 심신이 건강한 상태로 지낸다. 또는 일상생활이 혼자 힘들 정도로 노쇠하긴 해도 돌봄필요 단계까지는 가지 않고 지내다가 수개월이 지난 뒤 사망하는 경우도 있다. 다시 말해, 노쇠를 늦춘 사람도 실제로 존재하는 것이다.

고령에 골절을 당했을 경우를 떠올려보자. 사람은 건강한 상태라면 교통사고라도 겪지 않는 한 갑자기 골절되는 일은 드물다. 그런데 고령에 골절을 겪는다는 말은, 대부분이 일단 노쇠한 상태를 거쳐 골절에 다다른 것이다.

밖으로 나가 걸을 수 없게 되면 가장 먼저 근력이 떨어진다. 근력이 떨어지면 활동량이 단박에 줄어들고 식욕도 떨어져 음식을 적게 먹고 영양 상태도 불량해진다. 외출을 싫어하게 되면 사회적인 고립도 가속되기 때문에 마음의 병이 나타나기 시작한다. 이게 바로 노쇠해지는 과정이다. 노쇠한 상태가 되면 집 안에서도 잘 넘어지고, 이로 인해 골절되는 경우가 압도적으로 증가한다.

반대로 가족이나 친구와 적극적으로 관계를 갖고 바깥 외출을 하는 사람은 집 안에서 골절 같은 일이 거의 일어나지 않

표19
노쇠화에 따른 삶의 질

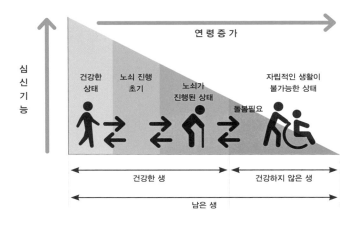

는다.

　나도 천식을 앓긴 하지만 대부분 건강한 나날을 보내고 있다. 밤 9시에 잠자리에 들어 새벽 5시에 기상하고, 주말에는 아이와 축구를 하거나 이따금 웨이트 트레이닝도 하고 있다. 노쇠 예방 및 노화 방지 습관을 갖기 위해 몸 전체의 근육량을 늘리고 균형 잡힌 영양 섭취도 잊지 않는다. 비록 천식을 갖고 있지만 관리를 잘하면 노후를 맞이한 때에 돌봄필요가 되는 시기를 늦출 수 있다고 믿으며 이와 같은 생활을 하고 있다.

　앞으로는 인생 100세의 시대에 맞춰 건강수명을 늘리는, 즉 질병을 갖고 있더라도 돌봄을 받지 않아도 되는 생활력을 키우는 것이 중요하다. 지금부터라도 몸이 노쇠해지는 것을 늦추는 방법을 찾아 적극 실행해보자.

'나는 얼마나 노쇠해졌을까?'
자가 진단 체크리스트

아래 체크리스트를 보고 자신이 노쇠 상태인지 아닌지 확인해보자. 체크한 표시가 몇 개인지 세어보고, 자신의 상태를 표의 빈칸에 적어보자.

☑ 노쇠화 진단 체크리스트

☐ 최근 1년 동안 넘어진 적이 있다.

☐ 약 1킬로미터가 넘는 거리를 쉬지 않고 계속 걷는 게 불가능하다.

☐ 안경을 쓰고 있는 상태인데도 눈이 종종 잘 보이지 않는다.

☐ 집 안에서 뭔가에 자주 걸려 넘어질 뻔하거나 넘어지곤 한다.

☐ 넘어지는 게 두려워서 외출을 종종 피하곤 한다.

☐ 최근 1년 동안 입원한 적이 있다.

☐ 최근 부쩍 식욕이 없다.

☐ 음식을 제대로 씹어 먹을 수 있는 상태가 아니다(의치를 사용한다).

☐ 최근 6개월 동안, 체중이 약 3킬로그램 이상 감소했다.

☐ 최근 6개월 동안, 이전과 비교해서 몸의 근육과 지방이 떨어졌다.

☐ 집 밖으로 나가지 않고 하루 종일 집 안에서만 생활하는 날이 더 많다.

☐ 평소 2~3일에 1회 정도는 외출하지 않는다(정원만 나가거나 재활용 쓰레기를 버리기 위한 외출은 포함하지 않는다).

☐ 집 안 또는 집 밖에서 취미로 하거나 좋아해서 하는 일이 없다.

☐ 대화를 나누며 사이좋게 왕래하는 이웃이 없다.

☐ 이웃 외에 자주 왕래하는 친구나 가족 또는 친척이 없다.

※출처: 도쿄 건강장수의료센터연구소

더욱이 지금은 코로나 시국으로 인해 외출도 꺼려지고 다른 사람과 교류할 기회도 줄었다. 여느 때보다 노쇠화가 진행되기 쉬운 상황이니 각별히 주의를 기울여야 할 것이다.

20대 때부터 식생활과 생활습관에 소홀하면, 중년이 되어서는 이로 인한 질병이 두드러지게 나타난다. 질병이 더 진행될수록 노쇠 상태에 빠질 위험도 당연히 높아진다. 하지만 그렇더라도 체념하지 말자. 설령 노쇠하더라도 질 좋은 수면, 운동, 균형 있는 식생활, 사회적으로 고독하지 않은 환경을 잘 갖추는 등

건강상태 자가 진단표

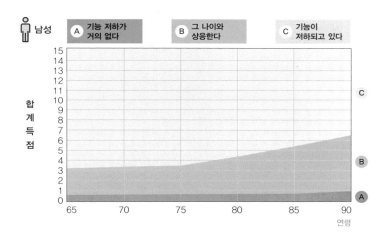

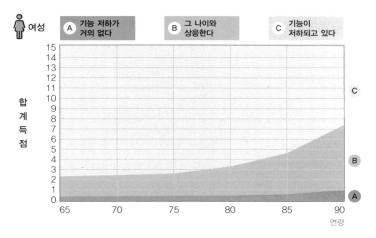

※출처: 《100년 시대의 건강법》, 기타무라 아키히코, 썬마크 출판

생활습관을 개선한다면 얼마든지 건강을 되찾을 수 있다. 이미 노쇠화가 진행된 사람이라면 생활습관을 전반적으로 과감하게 개선할 필요가 있다.

잠은 오래 자는 것보다 '잘 자는 게' 중요하다

잠은 단순히 오랜 시간 자기만 하면 좋은 게 아니다. 흔히 수면이라 하면 시간을 말하곤 하는데 그에 못지않게 얼마나 잘 자는지도 중요하다. 실제로 수면의 질이 나쁘면 질병에 걸리기 쉬워진다는 사실이 과학적으로 입증된 바 있다. 의학계 보고에 따르면 암은 1.6배, 고혈압은 2배, 당뇨병은 2배, 감기는 4.2배나 늘어난다.

치매 역시 수면의 질 저하로 발병률이 높아진다. 치매는 고령이 된 후의 행동만으로 발병하는 게 아니다. 수십 년 동안 나쁜 수면 습관에 의해 뇌에 노폐물이 쌓여 치매가 일어난다.

질 좋은 수면은 잠잘 때만이 아니라 낮 동안 활동하는 데도 큰 영향을 끼친다. 햇빛을 받고 적당한 운동을 하면 우리의 몸에서는 세로토닌이라는 호르몬이 분비된다. '행복 호르몬'이라고도 불리는 세로토닌은 심신을 안정시키는 역할을 하므로 세로토닌이 분비되면 당연히 수면의 질도 좋아진다. 그런데 이 세로토닌은 대개 낮 동안 활발한 활동을 벌이기 때문에 세로토닌 분비를 촉진시키려면 오전 중에 밖으로 나가 간단한 운동이라도 하는 것이 중요하다. 반대로 세로토닌이 분비되지 않으면 외출은 물론 식사 같은 간단한 활동조차도 귀찮아진다. 하루 종일 집 안에서 텔레비전만 보는 게 습관인 사람들이 여기에 해당하며, 이들은 시간이 지날수록 노쇠 상태에 가까워질 확률이 높다.

생활습관을 바꾸는 아침 산책 15분

가벼운 달리기인 조깅조차도 작심삼일에 그치는 사람이 의외로 많다. 그렇다면 접근하기 쉽게 난이도를 낮추는 방법을 고민해봐야 한다.

조깅의 목적은 마라톤처럼 완주를 하는 게 아니다. 어디까지나 돌봄 상태가 되지 않을 수준의 건강한 몸 상태를 유지하는 데 있다. 따라서 이런 경우에는 차라리 이른 아침에 가벼운 산책을 약 15분 정도만 하는 것으로도 충분하다. 이른 아침 시간대를 권하는 이유는 전날 늦지 않게 잠자리에 들어야 하고 과음도 할 수 없기 때문이다. 심신이 모두 건강하지 않으면 아침 일찍 산책을 위해 집 밖으로 나가려는 생각조차 들 수 없을 것이다. 다시 말해, 이른 아침에 15분씩 산책을 하는 습관을 지속하

다 보면 자연스럽게 생활 전반의 습관을 연쇄적으로 개선해나
갈 수 있다.

또한 물건을 사러 나가는 횟수를 늘리고 일주일에 3~4회쯤
은 바깥 용무를 일부러라도 만들어 외출의 기회를 점점 늘려나
가자. 아파트에 산다면 가능한 한 계단으로 다녀서 다리의 근
력을 키우는 것도 좋은 방법이다. 단, 무엇이든 지나친 것은 금
물이다. 무리해서 부상이라도 당하면 물거품이 되지 않겠는가.
75세 이상이 다치거나 골절로 입원까지 한다면 장기간 입원 생
활로 이어질 가능성이 높다. 상상 이상으로 심신이 피폐해지고,
퇴원 후에는 여지없이 '돌봄 상태'가 되고 만다는 사실을 기억
하자.

또래보다 체력이 좋은 편이라면, 비교적 낮은 뒷산에 오르거
나 풀장 안에서 가볍게 걷는 활동을 권한다. 특히 등산을 하면
정상까지 올랐다는 것에서 오는 성취감, 근력 상승, 자연에 둘
러싸여 느껴지는 힐링, 세로토닌 분비 등 장점이 가득하다. 다
만, 산에서 내려올 때는 체중의 약 4~7배 부하가 무릎에 걸리기
때문에 발과 허리를 다칠 위험이 있다. 그러니 반드시 보호대를
착용하고, 하산할 때는 특히 조심해야 한다. 풀장에서 걷는 연
습은 다리에 무리가 가지 않는 전신운동인 만큼 노후 적령기라
면 꼭 추천한다.

일주일에 최소 횟수를 정해 '간헐적 단식'에 도전하자

어떤 음식이 몸에 좋고 나쁜가 하는 정보는 누구나 찾아보면 쉽게 알 수 있으니, 여기서는 그보다 식사의 횟수와 양에 대해 다루고자 한다.

야생 동물인 호랑이, 사자, 얼룩말, 악어 등을 떠올려보면 이들 중 비만인 경우는 거의 없다. 왜 그럴까? 이 동물들은 먹이를 먹는 일조차 치열한 경쟁을 해야 해서, 매일 동일한 양의 동일한 먹이를 먹기가 힘들다. 그렇기 때문에 적은 영양으로도 살아남아 자손을 남길 수 있도록 환경에 맞춰 진화해온 것이다.

인간도 마찬가지다. 인류는 최초의 탄생 이래 무려 200만 년 동안이나 야생 동물처럼 수렵과 채집으로 살아왔다. 현대는 산업혁명이 일어난 후 겨우 250년 정도가 지났을 뿐이다. 다시 말해, 200만 년이나 지속된 DNA가 그 수천분의 1 정도밖에 되지 않는 250년 만에 바뀐다고 생각하기는 어렵다. 또한 인간의 몸에는 수렵·채집시대의 본능이 남아 있기 때문에 필요 이상의 칼로리 섭취, 즉 과식은 몸에 악영향을 일으킨다는 사실이 이미 다양한 연구를 통해서도 밝혀졌다. 따라서 식사는 필요한 만큼만, 최소한의 양이면 충분하다.

사실 하루에 세 끼 식사를 하는 일도 비교적 최근 들어 생긴 것이다. 일본도 원래 에도시대까지는 하루 두 끼였다. 이를 감

75세

안하면 정기적인 운동도 하지 않은 채 세 끼로 추가된 식사가 몸에 좋지 않으리라는 것은 당연한 사실이 아닐까. 식사의 횟수를 줄이고 싶지만 맨 처음부터 단번에 줄이기는 힘들다. 이에 내가 권하는 것이 바로 '간헐적 단식'이다. 일주일에 횟수를 정해놓고 16시간의 단식을 실천하자. 단식이라고 해서 완전히 굶는 것은 아니고, 단식을 하는 16시간 동안 요구르트나 구운 견과류 정도는 섭취가 가능하다.

나 역시 간헐적 단식을 실천하고 있다. 저녁 7시쯤에 저녁식사를 하고 밤 9시에 잠자리에 들어 그다음 날 새벽 5시에 일어난다. 저녁식사를 한 후 10시간이나 지났기 때문에 배 속이 텅 비고 배고픔이 느껴지지만 이겨내야 한다. 그리고 저녁식사를 한 지 16시간이 경과한 오전 11시에 비로소 식사를 시작한다. 가끔 아침에 공복으로 있는 게 참을 수 없을 때는 견과류나 낫토를 얹은 밥을 조금만 먹어 그 순간을 넘긴다. 오래 장수하고 싶다기보다 병에 걸리지 않고 건강한 몸을 갖기 위해 하는 습관이다.

사회와 꾸준히 연결되는 소통 창구가 필요하다
사회적인 연결이 없으면 필요한 물건을 산다거나 병원 통원 말고는 외출할 이유가 딱히 없어진다. 그러다 보면 밖에 나가 걷지 않게 되고 근력이 떨어진다. 특히 도시에서 혼자 사는 남성일수록 노쇠 상태가 되기 쉽다. 도심에 살고 있으면 생활에 필요한 슈퍼마켓과 병원이 근처에 있고(심지어 요즘은 살고 있는 건물 내에 있는 경우도 있다) 나머지 시간에는 집에서 텔레비전을 보거나 컴퓨터만 하는 경우가 많아 결국 점점 고립된다.

사람과 만나 소통을 나누는 것도 노후에는 중요한 포인트다. 물론 지금은 코로나 시국인 탓에 다른 사람과 대면으로 만나는 게 어렵다. 그렇다면 온라인으로 뭔가를 배우거나 취미를 가지면서 이를 매개로 친구나 친척, 커뮤니티 회원들과 소통하면 어떨까? 컴퓨터를 조작하는 게 익숙하지 않다면 전화로도 충분하다.

이미 70세를 넘은 마당에 갑자기 사회적 참가를 할 수 있는 곳을 찾는 게 쉽지만은 않다. 하지만 자신이 살고 있는 지역에서 흥미가 생기거나 참가에 저항감이 없을 것 같은 활동이 있는지 알아본 뒤 한 번쯤은 가보는 것도 좋다. 활동 프로그램을 찾을 때는 너무 건강을 의식한 나머지 운동 분야만 한정할 필요는 없다. 참가 목적은 어디까지나 다른 사람과 소통하며 두뇌를 쓰는 것에 있으므로 바둑이나 원예, 서예, 악기 연주 등도 괜찮다.

사이타마 현에는 인구 약 1만 3,500명이 사는 하토야마마치

(鳩山町)라는 작은 동네가 있는데, 이곳에서 펼쳐지고 있는 고령화 사회에 관한 대응은 다른 지역사회에 훌륭한 본보기가 된다. 대부분 운동 프로그램의 강사가 20~40대 젊은 연령대인 데 반해 하토야마마치에서는 해당 지역의 고령자를 강사로 초빙한 것이다. 강사가 비슷한 연배라는 사실 하나만으로도 고령자의 참가율이 올라서 지금은 수강자가 연간 1만 명을 넘고 있다. 뿐만 아니라 대도시에 사는 노쇠한 고령자가 30퍼센트나 되는 것에 비해 하토야마마치는 단 14퍼센트에 불과하며 압도적으로 낮은 수치를 유지하고 있다. 고령자에게 사회적 연결이 얼마나 중요한지를 단적으로 보여주는 사례라고 할 수 있다.

자식 부부와 사는 게 눈치 보여
집을 급매로 싸게 넘기다

노후에 살기 편한 집은 따로 있다

현재 일본 전역에 있는 빈집은 약 850만 가구다. 토지까지 따지면 상속 후에 등기가 이루어지지 않고 장기간 미등기 상태의 총면적은 규슈의 총면적(약 368만 헥타르)을 상회하는 약 410만 헥타르나 된다. 예전에는 아이들을 키우는 데 적합해 인기를 구가했던 교외형 단독주택이나 맨션(일본의 맨션은 우리나라의 아파트와 비슷하다. 반면 일본의 아파트는 우리나라의 다세대 주택과 비슷하다-역주)이 지금의 직주근접성(회사와 거주지를 가까이하는 것-역주)이라는 트렌드에 맞지 않다는 데 원인이 있다. 빈집이나 소유권 불명의 토지가 급증하는 결정적인 이유다.

원래 아이를 키우는 데 적합했던 집도 아이가 독립해서 분가

하면 노부부에게는 너무 넓은 집이 되기 마련이다. 특히 교외에서 큼지막하게 지었던 주택이라면 실내 청소와 정원 손질만으로도 중노동이 된다. 따라서 아이를 키우기 적합했던 집을 생애 마지막까지 거주할 집으로 삼는 것은 좋지 않다. 나이가 들면 들수록 기력과 체력이 떨어지니 새것으로 교체하거나 이사를 하는 것도 생각조차 할 수 없게 된다. 그러다 보니 결코 살기 좋다 할 수 없는 그 자택을 어쩔 수 없이 자신의 마지막 거처로 삼는 사람이 많은 게 현실이다.

주택의 유형만이 아니라 애초부터 어디서 살 것인가, 누구와 함께 살 것인가 하는 관점도 노후생활을 충실히 보내기 위해서 간과해서는 안 될 중요한 요소다. '어디에 살 것인가', '누구와 살 것인가' 그리고 '어떤 집에서 살 것인가'라는 세 가지 관점에서, 과연 나의 노후생활을 풍요롭게 하는 생애 마지막 집으로 무엇이 좋을지 생각해보길 바란다.

- Where(어디에 살 것인가): 도시, 시골. 해외
- Who(누구와 살 것인가): 부부, 자녀와 동거, 혼자
- How(어떤 집에 살 것인가): 주택, 맨션, 임대, 돌봄 시설

'행복한 이주자'와 '불행한 이주자'의 차이

복잡하고 어지러운 도시생활에 지쳐서 인생의 마지막을 풍요로운 자연이 가득한 시골이나 해외에서 살고 싶어 하는 사람들도 많다. 내가 28세였을 당시, 지금까지 익숙하게 살던 도쿄를 떠나 홋카이도의 니세코로 이사한 경험이 있다. 그곳에서 생애 마지막 거주지로 도시에서 니세코로 이주해온 사람들을 만났고, 이때부터 이주 현실을 마주할 수 있었다.

니세코에서 만난 T씨는 주택을 취득해서 부동산 사업을 시작했고 대성공했다. 동네분들과도 교류가 깊어서 도시에서 이주자를 유치하는 동시에 토지나 방을 잘 찾아냈을 정도였다. T씨의 가족도 이곳에서 잘 지냈고 스키 같은 아웃도어 활동도 만끽했다. T씨를 비롯해 이주 후 잘 지내고 있는 사람에게서 볼 수 있는 공통점은 똑같았다. 바로 소통을 잘한다는 점이다.

사람이 드문 시골에 살아도 타인과의 소통은 반드시 있다. 사는 사람이 적기 때문에 전혀 왕래가 없는 건 있을 수 없다. 따라서 돈이 있어서 넓은 집에 살고 있다 해도 지역 주민과의 시간을 불편해하고 사람과의 소통을 피하면 원래부터 인연이 없던 시골에서 생애 후반기를 보내기 힘들다. 행복을 느끼지 못하고 다시 도시로 되돌아가는 케이스가 많은 이유다. 이주한 지역을 평생 살 곳이 아닌 잠시 머무르는 '별장'쯤으로 여긴다면, 결국 이주에 실패할 확률이 높다.

자녀와 같이 살지 말고 자녀의 '집 근처'에서 같이 살자

나의 고객 중 남편이 먼저 사망한 82세의 B씨는 삿포로에서 장남과 생활했다. 맨 처음에 그녀는 아들 부부와 별문제 없이 살았다고 한다. 시간이 흘러 며느리와 음식 맛이나 요리, 청소하는 방법이 맞지 않아 사소한 언쟁을 벌이다가 완전히 사이가 틀어지고 말았다. 아들 역시 아내의 편을 들면서 B씨는 점점 고독감을 느꼈다. 결국 도쿄에 있는 장녀 집으로 옮겼고 지금은 장녀의 집 근처에서 들어갈 수 있는 돌봄 시설을 알아보고 있다.

노후에 자녀와 동거하는 선택지는 여러 가지 위험을 내포하고 있다. 자녀가 직접 부모를 간병해야 하는 상황이 올 수도 있기에 배우자의 협력과 이해가 필요하다. 그렇기 때문에 고령의 부모 역시 내 자식만이 아니라 자식의 배우자와의 인간관계에도 늘 신경을 써야 한다. 부모와 자녀가 함께 살면 주거비나 식비의 부담이 줄어든다는 금전적인 이점은 있으나, 인간관계에서의 스트레스라는 어마어마한 위험이 존재하는 것이다.

누구와 살 것인가에 대한 나의 결론은 이렇다. 부부 두 사람만 살거나 아니면 1인 가구를 유지하고, 사는 장소는 자녀가 사는 집의 근처가 가장 이상적이다. 손주가 어렸을 때는 손주를 돌보는 데 손을 보태거나 성장을 지켜보며 삶의 활력을 얻는다. 그러다 돌봄이 필요하게 되면 자녀에게 도움을 받을 수 있기 때문이다. 이렇게 적절한 거리를 유지하는 방법이 노후생활에서 스트레스를 최대한 줄이면서 돌봄대책도 강구할 수 있어서 좋다.

40~50대 때 마련한 내 집, 손해 보지 않고 팔려면?

자택을 소유하고 있으면 여러 가지 유지비용이 발생한다. 신혼 때 그 집을 구입했다면 자녀가 독립했을 때는 지은 지 30년 이상은 지난 건물이 된다. 특히 단독주택의 경우, 시간이 지날수록 열화현상이 일어나 낡을 것이므로 외벽이나 상수도관 수리나 리모델링 비용도 생각해야 한다.

맨션이라면 건물이 오래되면서 공동 수선비용이 무겁게 가계를 압박해올 것이다. 지은 지 오래되고 총 가구 수가 적으면 한 세대당 부담액은 상당히 크다. 노후에 자택을 매각한다면 얼마나 받을 수 있는지 금액을 미리 파악해둬야 한다. 돌봄 시설에 입소할 때 그 비용을 집을 판 돈으로 충당할 가능성이 높기 때문이다. 소유하고 있는 금융자산이 적으면 자택 매각을 고려하지 않을 수 없게 된다.

그런데 매각하려 할 때 주택 대출이 남아 있다면 주의해야 한다. 지은 지 30년 혹은 40년이 된 교외형 단독주택의 경우 특히 매각 가격이 낮게 형성되기 때문이다. 심하면 집을 팔아도 대출금을 완납할 수 없는 경우도 종종 있다. 집을 구입했던 시기가 늦을수록 그리고 40~50대 때 소위 영혼까지 끌어왔다는 영끌 대출로 자택을 구입했다면 대출금이 남아 있을 수 있다.

일찌감치 자택의 매각 가격을 여유를 갖고 조사해두지 않으면 급하게 돌봄 시설에 들어가게 됐을 때 서둘러 매수자를 찾으려 한 나머지 말도 안 되게 후려쳐진 가격으로 그 집을 팔아야 될 수도 있다. 내 자식을 키우기 좋았던, 크고 널찍한 그 집을 급매로 팔지 않기 위해서라도 미리 노후용 집으로 이사해두길 권한다. 마치 소라게처럼 자신의 사정에 맞춰 집을 바꾸는 것이다. 이런 사고방식은 앞으로 더욱 중요해질 것이다. 노후가 되면 다리의 힘이 줄어들기 때문에 커다란 껍데기(집)는 필요하지 않다. 그보다는 편리성이다. 지하철역에서 10분 거리에 위치한 약 50제곱미터 크기의 작은 빌라가 노후생활에 가장 적합하다. 역에서 가까우면 이동은 물론 물건을 사거나 병원에 다니는 데도 얼마나 편하겠는가.

단, 작은 집이라 해도 부부 각자가 방을 하나씩 쓸 수 있어야 한다. 질 좋은 수면이 노화 방지에 최고의 명약이기 때문이다.

곁에서 들리는 코 고는 소리로 수면의 질이 떨어지면 안 된다. 부부라도 혼자만의 시간을 원할 때 혼자 있을 수 있는 것도 스트레스를 줄이는 지름길이다.

대부분이 계획 없이 돌봄 시설에 입소한다

돌봄 시설에 들어가는 평균 연령이 85~90세다. 한편 돌봄상태
가 되는 사람은 75세 이후 증가한다. 평소 하던 대로 생활하다
가 살짝 넘어졌는데 골절로 입원을 하고 퇴원만 하면 될 줄 알
았더니 혼자서는 일상생활이 힘들어져 돌봄필요 2단계의 인정
을 받아 돌봄 시설에 들어가는 경우도 있다.

　돌봄이 필요하게 된 원인은 1위가 치매로 17.6퍼센트이고, 2
위는 뇌혈관질환(뇌졸중)으로 16.1퍼센트다. 3위가 고령에 의한
쇠약으로 12.8퍼센트, 4위가 골절 및 넘어짐 12.5퍼센트, 5위는
관절질환으로 10.8퍼센트다. 이를 구분하면, 뇌(증상으로서는 치
매와 뇌졸중)와 몸(골절과 관절질환)에 큰 변화가 일어나 돌봄상태

에 이르는 사람이 많다는 사실을 알 수 있다.

돌봄 시설에 들어가는 경우는 크게 세 가지다. 첫 번째가 급성 전개형으로 가장 많다. 넘어져서 발생한 골절과 뇌경색으로 즉시 입원하고 퇴원 후에 곧바로 돌봄 시설에 들어간다. 골절되는 위치는 대퇴골이 많고 의외로 집 밖에서가 아니라 자택에서 넘어지는 사고가 80퍼센트다.

예전에 고령의 여성 고객을 상담한 적이 있다. 혼자 살았던 그녀는 집 안에서 물건을 찾다가 그만 넘어졌고 뼈가 부러지고 말았다. 다행히 정기적으로 방문했던 야쿠르트 아줌마가 발견해 즉시 입원을 했고, 퇴원 후 이전처럼 보행할 수가 없어서 돌봄 시설에 즉시 입소할 수밖에 없었다.

두 번째로 '가족 한계형'이다. 처음에는 신체 능력과 판단능력이 약간 떨어져 일상생활에 다소 지장이 나타나긴 하지만 시설에 들어갈 만큼은 아니다. 다행히 돌봄인정도 받을 수 있어서 가족과 공적 돌봄 서비스를 받으면서 자택에서 생활이 가능하다. 하지만 점차 신체 능력이 현저히 저하되어 가족 돌봄이 한계에 다다라 돌봄 시설에 들어갈 수밖에 없는 경우다. 치매는 신체 능력 저하만큼 급속하게 진행하지 않는다. 천천히 조금씩 증상에 변화가 나타난다. 신체적으로 멀쩡하고 일상생활에서 판단능력만 떨어져 있으면 언제 시설에 들어가는 게 좋은지 모르는 경우가 많고 이 부분이 가장 힘든 점이다. 마지막은 자립형이다. 건강할 때 자기 자신의 판단으로 돌봄 시설을 찾고 서로 비교·결정해 시설에 입소하는 것이다. 이때의 연령은 평균 79세다.

국가가 해줄 거라는 기대는 접어라

돌봄 활동은 그 비용을 무시할 수 없는 큰 존재다. 특히 시설에 들어가게 되면 비용 문제는 한층 심각해진다. 이 경우, 국가는 개인에게 얼마만큼 금전적인 지원을 해줄까?

결론부터 말하면, 앞으로 점점 지원이 줄어들 것이다. 나라가 부담할 돌봄 비용 급증이라는 시한폭탄은 멈추는 게 불가능한 상황이 되어가고 있다. 2025년에는 단카이세대가 75세를 지나면서 의료비와 돌봄 비용 급증이 이미 예고됐다. 일본은 1961년에 국민개보험제도를, 2000년에는 돌봄보험제도를 만들었다. 질병에 걸려도 돌봄상태가 되어도, 국가가 절반의 비용을 부담해주는 구조다. 국가가 부담한다고 하지만 이는 원래 우리가 냈던 세금이다.

의료비 중 약 39퍼센트는 75세 이상의 후기 고령자에게 쓰이고, 약 18퍼센트는 65~74세의 전기 고령자에게 사용되고 있다. 즉, 65세 이상의 고령자에게 의료비의 실제 60퍼센트(절반 이상)가 소비되고 있는 것이다. 의료비 총액이 약 44조 엔(2019년도)이고, 여기에 60퍼센트라 하면 약 26조 엔이다. 핀란드의 국가 예산과 맞먹는다.

이미 누구나 알고 있듯이, 고령자 수는 점점 늘고 있다. 그러니 필연적으로 의료비, 돌봄보험비도 늘어날 것이다. 그 금액은 해마다 1조 엔이다. 국가로선 급증하는 의료비와 돌봄 비용을 억제하려는 대책을 세울 텐데, 돌봄 서비스의 질을 낮추거나 국민에 의한 돌봄 비용 부담액을 올릴 수밖에 없다. 게다가 국가는 자택돌봄을 권장할 계획이다. 이런 흐름은 개개인이 어찌할 수 없는 국가 차원의 문제다.

실버타운 입소를 결정할 때 고려해야 할 것들

이렇게 해서 돌봄 시설에 들어가기로 결정했다면 어디로 할 것인가를 정해야 한다. 돌봄 시설에는 크게 민간 시설과 공적 시설 두 가지가 있다.

민간 시설이라면 서비스는 잘 되어 있다. 하지만 비용이 많이 든다. 돈이 있는 사람이라면 최고급 시설도 고를 수 있겠지만 연금과 저축액이 충분하지 않으면 선택지는 적어진다.

공적인 돌봄 시설인 특별양호노인홈(줄여서 '특양')은, 지금은 전국적으로 비용이 저렴해서 인기인데 들어가기가 하늘의 별 따기만큼 어려운 실정이다.

여기서 주의했으면 하는 것은, 서비스가 제공되는 고령자 주택(줄여서 '서고주')이다(서비스가 제공되는 고령자 주택 즉, 우리나라의 '실버타운'과 비슷하다-역주). 입소를 알아볼 때 그 저렴한 비용에 놀라고, 그래서 한 번 보면 잊지 못해 후보에 넣고 싶어진다.

하지만 돌봄 서비스는 시설 입주와는 별도로 계약하게 되어 있다. 맨 처음에 서고주에 들어갔다가 돌봄 환경이 충분하지 않아서 결국 다른 곳으로 옮기는 경우가 자주 발생한다. 생애 마지막 주택이라고 생각하고 들어왔는데 돌봄 레벨이 높아지면서 나가지 않으면 안 되는 등 함정이 존재한다.

여기서 잠시, 특별양호노인홈(특양)을 좀 더 설명하겠다. 이곳은 국가의 부담으로 비교적 저렴하게 들어가는 돌봄 시설이다. 입주하는 데에 비용이 발생하지 않고 매월 내는 시설이용료가 15만~20만 엔 정도로 파격적으로 저렴하다.

가격이 이성적인 만큼 당연히 인기가 높다. 그래서일까. 예전에는 돌봄필요1이라도 입주할 수 있었지만 지금은 돌봄필요3 이상이 아니면 들어갈 자격조차 주어지지 않는다. 인기 높은 특양일 경우 입소할 때까지 2년이나 대기해야 한다. 돌봄 활동을 하는 직원은 언제나 부족해서 비교적 건강한 사람이라면 상대도 해주지 않는 곳도 있다.

경도의 치매 환자를 입소 대상으로 한 소규모 돌봄 시설인 '그룹홈'도 매월 내는 비용이 저렴해서 인기다. 조건으로는 주민표(우리나라의 '주민등록증'과 비슷하다-역주)가 등록되어 있는 지역에서만 신청이 가능하다. 또 치매로 인해 문제를 일으키거나 신체적인 돌봄 활동이 많아지거나 여기저기 배회하는 등 정도가 심한 경우는 시설에서 나가게 될 수 있다. 공적 기관인 만큼 규칙이 엄격하다. 한 곳에서 사망할 때까지 있을 수 있다는 보장도 할 수 없다.

치매가 오기 전에 반드시 은행 계좌부터 확인해라

돌봄 시설 비용은 최상부터 최하까지 다양하다. 민간에도 지역에 따라서는 입주금이 없는 시설도 존재한다. 매월 청구되는 돌봄 시설 비용은 연금계좌에서 빠져나가게 하는 경우가 많다. 연금 수급액이 평균 20만 엔 정도이기 때문에 매월 나가는 돌봄 시설 비용도 이와 비슷하게 설정되어 있다.

단, 일시 입주금은 입주 전에 납입해야 할 수도 있기 때문에 치매가 되면 자산이 동결되어 시설에 들어가지도 못하는 경우가 발생한다. 자택을 매각해서 그 매각 자금으로 시설에 들어가려 했던 것도 치매가 되면 할 수 없기 때문이다.

치매로 인해 생기는 이러한 문제는 가족신탁으로 깔끔하게 해결할 수 있다. 그렇지만 비용이 들기 때문에 가족신탁이 가장 좋은 방법인지 어떤지는 가족 상황에 따라 다르다. 그러므로 적어도 연금이 들어 있는 계좌의 비밀번호만이라도 자녀가 부모로부터 들어두면 당장은 입소비를 위한 돈은 인출할 수 있을 것이다.

고령자는 정기예금에 돈이 들어가 있는 경우가 많다. 정기예금은 일단 해약해서 보통예금으로 갈아타두지 않으면 일절 사용할 수 없기 때문에 건강할 때 미리 보통예금으로 바꿔두기를 권한다.

흔히 빠지기 쉬운 돌봄 시설의 숨은 함정

돌봄 시설에 들어갈 때 잘 비교해보지도, 따져보지도 않고 들어갔다가 후회하는 사람들이 의외로 많다. 들어온 지 얼마 되지도 않았는데 '실제 서비스가 좋지 않다', '분위기가 어둡다', '직원의 대응이 나쁘다'는 것이다. 그래서 시설에 들어왔다가 나간 뒤 다른 시설로 다시 들어가기를 반복하는 사람도 드물지 않다.

따라서 이번에는 돌봄 시설에 숨은 함정을 살펴보고자 한다.

'의료법인병설형', '클리닉 병설', '24시간 간호사 상주' 등 병원이나 클리닉에 병설된 돌봄 시설은 24시간 간호사가 상주한다니 왠지 안심이 된다. 하지만 단지 그 이유 때문에 비용이 다달이 수만 엔이나 상승하는 경우도 있다. 그러니 정말로 그에 걸맞은 가치가 있는지를 꼼꼼히 판단하자. 병원에 병설되어 있다해서 의사가 언제나 살펴봐주는 것은 아니라는 사실도 알아야한다. 돌봄의 현장에서 중요 포인트는, 간호사의 상주나 병원의 병설보다도 '돌봄에 종사하는 직원의 수'다.

'호스피스 돌봄'이란 문구를 시설 안내서에 표기하고 '숨을 멈추는 최후까지 호스피스를 하는 시스템이다'라고 자랑하더라도 곧이곧대로 받아들여서는 안 된다. 이것도 대표적인 함정이다. 돌봄 시설에서의 호스피스 돌봄이란 자연사를 의미하는 경우가 대부분이다. 다시 말해 최후에 연명치료 같은 의료행위가 없는 것을 전제로 하고 있다는 뜻이다. 따라서 사전에 돌봄 시설 측에 '어떤 호스피스 서비스를 하고 있습니까?' 하고 질문해 확인해보길 바란다. 일률적으로 싸잡아서 돌봄 시설에 문제가 있다 할 순 없지만 제대로 알아보자는 차원이다.

의료계약, 돌봄 서비스 계약 등 계약서에는 여러 정보가 들어가 있다. 그런데도 시간이 없다며 계약 내용을 제대로 확실히 읽지도 않고선 '예전에 한 말과 다르지 않으냐'며 얼굴 붉히는 일이 종종 벌어진다. 시설이 맞지 않아 반년 만에 퇴소하는 사람이 일시 입주금 1,000만 엔 중 500만 엔밖에 돌려받지 못했다 같은 사례도 있다.

그러니 혹시라도 돌봄이 필요하게 되면 지역 상담센터를 통해 전문가에게 먼저 상담을 받아보길 권한다(우리나라의 경우, 지역사회통합돌봄이 각 지자체에 마련되어 있다-역주). 전문지식을 갖고 있는 직원이 돌봄필요자가 익숙하게 살던 곳에서 돌봄 활동 지원과 일상생활 지원 등 폭넓은 상담을 하고 있으며 돌봄보험 신청을 위한 창구도 겸하고 있다. 물론 입주하는 당사자가 건강할 때 가족과 함께 시간을 들여 조사하고 견학하는 것이 가장 이상적인 방안으로, 실패할 확률이 작다.

건강하면 '서고주'처럼 돌봄 서비스가 강하지 않은 장소부터 돌봄 서비스가 탄탄한 장소까지 선택지의 폭을 넓게 잡을 수 있다. 단, 상태에 따라 도중에 시설을 변경할 가능성이 있음도 염두에 두자.

부모를 돌봄 시설로 모신다고 해서
죄책감을 느낄 필요는 없다

잠시 고령자의 자녀 입장에서 살펴보겠다. 직장 생활도 하고 어린아이들을 키우면서 돌봄 활동까지 한다면 정말 큰일이 아닐 수 없다. 아마도 금세 신경쇠약에 걸릴 만큼 정신적으로도 피폐해질 것이다. 그렇다고 돌봄 시설에 모시자니 또 그것대로 죄송한 기분이 들고 꼭 불효를 저지르는 것만 같다.

돌봄 시설에 모시는 것은 결코 나쁜 일이 아니다. 돌봄 활동은 장기화될 가능성이 높기에 '지금 힘들고 괴로운 순간만 이겨내면 곧 괜찮아지겠지'라는 막연한 희망을 품는 것은 위험하다. 그러니 차라리 일찌감치 돌봄 시설에 모시는 편이 부모나 자식 서로에게 행복할 수 있다. 돌봄 시설에는 고령자를 대하는 방법부터가 남다른 전문가가 많지 않겠는가.

특히 배우자인 아내가 시부모의 돌봄 활동에 내몰리게 되는 경우가 많다. 아내는 남편에게도 시부모에게도 힘들다는 내색을 하기가 어렵지 않은가. 이때 남편은 아내가 표현하는 아주 작은 사인이라도 놓치지 말아야 한다. 그 사인을 재빨리 알아채고 대화를 나누며 다독여주는 것이 장기적으로 가족 모두가 행복해진다는 사실을 기억하자.

알면서도 쉽게 당하는
보이스피싱과 부동산 사기

노인들을 상대로 점점 진화하는

보이스피싱과 부동산 사기 수법

"○○ 할머니? 나야 나!"

최근 진화된 보이스피싱은 실제 이름을 부르며 걸려온다. 시중에 돌아다니는 자료 등에서 개인정보를 입수한 후 전화하는 것이다. 이런 식으로 고령자의 재산을 노리는 자들이 많다. 또 예전에는 자녀나 손주인 척하며 한 인물이 전화를 걸어왔지만 요즘 수법은 다르다. 경찰, 변호사, 은행원을 사칭해 조직적으로 고령자를 위협하고 사기를 친다.

보이스피싱 피해사례가 빈번하게 발생하자 국가에서는 ATM으로 입금을 하거나 이체하는 한도액을 10만 엔으로 제한

했다. 그랬더니 이번에는 현금서류(일본의 경우, 현금을 지정된 봉투에 넣어 우체국을 통해 수신자에게 보낼 수 있는 특수우편이 있다. 친척이나 지인의 경조사에 온라인 송금을 하는 건 실례라고 여기는 문화가 아직도 있기 때문이다. 분실 등은 해당 법률로 보호된다-역주)나 택배로 돈을 보내게 하거나 직접 돈을 가지러 오는 등 그 수법도 대범하고 다양해졌다.

기획부동산 사기도 고령자들이 당하기 쉬운 사례다. 사기꾼들의 레퍼토리는 대개 정해져 있다. 머지않아 가격이 오른다고 믿게 만들고는 자산 가치가 없는 산림이나 들판을 구입하게 했던 과거부터 이야기는 시작한다. 구입하긴 했지만 결국 팔리지 않아서 20년 가까이 방치했는데 어느 날 '곧 리조트 개발이 진행될 땅 옆이라 가격이 오르고 있습니다! 500만 엔까지 받고 팔 수 있겠는데요!' 하며 업자가 다가온다. 그러고는 광고를 해야 한다, 정확한 측량을 해야 하는 데 비용이 필요하다며 속여서 약 50만 엔 가까이 돈을 내게 하는 것이다.

과거에 속아서 땅을 샀던 고령자는 20년 이상 시간이 지나기도 했고 '혹시나' 하는 심리가 작동해 업자의 말을 그대로 믿는다. 보내달라는 돈을 보냈는데 결국 이 땅 때문에 또 당하고 만다. 60대 때 땅 욕심에 이끌려 구입하고 그대로 80세가 되어 판단력이 떨어진 상황에 두 번이나 사기를 당하는 것이다.

국가, 관공서, 은행이 한 팀이 되어 사기 집단을 추격하지만 사기를 당하는 사람은 여전히 줄어들지 않고 있다. 2019년의 피해 총액은 315.8억 엔으로 10년 전과 비교해 3배나 증가했다. 피해자 중 60세 이상이 약 88퍼센트였고 이 중 3명 중 2명이 여성이었다. 혼자 생활하고 있는 60세 이상의 여성은 더욱 주의를 요한다. 치매 또는 치매예비군이라면 판단능력이 떨어져 일반 고령자보다도 훨씬 더 사기 피해를 입을 확률이 높아진다. 실제로 치매 환자 수가 증가하고 있기 때문에 피해 총액도 비례해서 증가하고 있다는 추정이 가능하다.

'나는 당하지 않아'라는 완고한 생각이 가장 위험하다

사기 중에서도 내가 몹시 경악했던 사례가 있다. 지방에 거주하는 81세의 C씨에게 있었던 사건이다. 공교롭게도 그녀는 당시 병원에 입원 중이었다. 낯선 번호로 전화가 걸려와 이상하게 생각했지만 입원 중이라 경계심이 느슨해졌는지 일단 전화를 받았다.

전화기 너머에선 연신 기침을 해대며 "콜록콜록……. 엄마, 감기에 걸려서 목소리가 이래. 잘 못 알아듣겠지? 지금 이 전화는 회사 동료 전화를 빌려서 하는 거야. 내 번호가 바뀌어서…… 새로 불러줄게. 이 번호로 다시 저장해줘."

도쿄에 있는 장남이라고 여긴 C씨는 번호를 메모하고 끊었다. 모자관계이니 전화번호가 바뀌었다며 연락 오는 건 딱히 수상한 일이 아니었다. C씨는 조작도 익숙하지 않은 스마트폰에 장남으로 저장한 번호를 찾아 방금 메모한 번호로 바꿨다.

퇴원해서 1주일 정도 지난 후에 다시 전화가 왔다. 스마트폰 화면에는 장남의 이름이 떴다. C씨는 이 전화가 장남이 아니라고는 눈곱만큼도 의심하지 않았다.

"엄마, 나 지금 돈이 급히 필요한데 200만 엔 좀 보내줘!"

틀림없는 장남의 부탁이라 믿고 곧장 은행으로 가서 200만 엔을 찾았다. 워낙 큰돈이라 은행 직원이 묻긴 했지만 C씨는 "괜찮아요. 전 쉽게 사기당할 사람이 아니에요. 걱정해줘서 고마워요"라고 대답했다.

돈을 막 보내려는 순간, C씨는 '혹시 모르니 아들 회사로 전화해볼까?'라는 생각이 들었다. 회사번호로 전화를 걸었고, 장남이 전화를 받았다. C씨는 전화를 받은 장남에게 말했다. "너 돈 200만 엔이 필요한 거 맞지? 휴대폰 전화번호도 바뀌었고?"

장남은 깜짝 놀라며 그런 적 없다고 답했고, 이 한마디에 그제야 퍼뜩 정신이 들었다고 한다. 사기꾼이 자녀의 이름을 알지 못해도 이런 수법으로 감쪽같이 속이는 것이다.

이처럼 사기의 수법을 조금이라도 알고 있으면 머릿속에서 경계의 알람이 나와 주의를 하게 한다. 그러니 모든 패턴을 알아두자. 물론 전부 다 아는 것은 불가능하지만 알면 알수록 경계의 수위가 올라가지 않겠는가.

80세가 넘으면 뇌의 위축에 의해 치매까지는 아니더라도 판단력이 떨어진다. 여기에 눈과 귀도 그 기능이 약해지기 때문에 전화로 들리는 목소리가 평소와 달라도 내 자식이라고 판단해버리는 일이 생기는 것이다. 자신의 뇌와 몸을 과신해서는 안 되는 이유다.

한편 자녀 역시 부모가 아무리 "나는 사기 같은 거 안 당하니까 걱정 마라"라고 해도 한층 더 조심하고 경계하라고 말씀드리자. 사기꾼도 필사적으로 사기 수법을 끊임없이 개발해낸다는 사실을 간과해선 안 되며, 그 피해자가 내 부모가 될 수 있다는 걸 명심하자.

금융기관이라고 해서 쉽게 믿어선 안 된다

한때 간포생명(일본에서 우편 업무를 하는 우정사업그룹 산하의 생명보험 회사로 우리나라의 우체국 보험과 비슷하다-역주)에서 사기와 다름없는 계약 절차가 실제로 있었다는 뉴스가 보도된 적 있다.

이 뉴스를 처음 들었을 때 얼마나 놀랐던지 내 귀를 의심했을 정도였다.

일부 증권회사나 은행이 치열한 경쟁 탓에 과도한 영업을 펼치느라, 금융지식이 거의 제로인 고령의 여성을 대상으로 펀드나 브라질 채권 등을 계약하게 하곤 몇 년 지나지 않아 큰 손실이 났다는 케이스는 알고 있었지만, 우체국까지 그런 짓을 하다니 말이다.

금융기관만이 아니다. 부동산 회사가 치매 직전의 80대 여성에게 교묘히 접근해 자산 가치가 없는 공터를 계약하게 한 사례도 상당한 적이 있다. 혼자 살아 외롭고, 말 상대가 그리운 고령자의 심리를 파고드는 것이다. 40~50대의 베테랑 영업맨이 말 상대가 되어 빈번하게 방문하면 노인들은 자신도 모르는 사이에 '저 사람은 내 친구야!', '저 사람은 좋은 사람이야' 하며 속아 넘어가기 쉽다.

민법에 의하면, 모든 절차는 판단능력이 있으면 계약행위로서는 유효하다. 반대로 판단능력이 없다면 계약행위는 무효다. 여기에 후견인이 있으면 '해당 고령자는 판단능력이 없다'는 증거가 된다. 후견인에게는 '취소권'이 있기 때문에 피후견인(이 경우는 고령자)이 했던 계약행위가 불이익한 것이라고 판단되면 취소할 수 있다. 그런데 지금 치매라고 진단되더라도 갑자기 후견인이 생길 리 없지 않은가. 그래서 일본에는 후견인이 있는 고령자 수가 여전히 적은 것이다.

금융청(일본의 행정기관 중 하나. 금융기관의 안전을 확보하고 예금자, 보험계약자, 금융상품 투자자의 보호를 위해 설치되었다-역주) 역시 해당 문제의 심각성을 인지하고 고령자가 계약할 경우, 가족의 동석, 더욱 철저한 본인 확인, 거래 후 제3자에 의한 전화 확인을 통해 고령자의 부당한 거래를 방지하려 애쓰고 있다.

사기꾼들이 유독 자주 쓰는 수법과 말투

사기꾼에게 속지 않으려면 최근 벌어지고 있는 사기의 수법과 패턴을 알아두는 것이 큰 도움이 된다. 사기꾼은 고령자가 어떤 말에 동요하는지 잘 알고 다가온다. '고독하다', '생활이 어렵다', '벌이가 있으면 좋겠다'라는 심리에 교묘하게 들러붙는 것이다. 게다가 최근에는 강도로 돌변해 고령자를 습격하는 사건도 있었다. 그렇다면 어떻게 예방할 수 있을까. 아래와 같이 패턴별로 살펴보겠다.

1. 전화

고령자의 마음이 흔들리는 내용부터 말하면서 서서히 신뢰를 얻고는 사기를 친다. 시간대는 오전 11시~오후 2시쯤이 많다. 석연치 않은 전화가 왔다면 일단 가족이나 친구에게 말을 꺼내 상의해본다. '모르는 번호로 전화가 오면 장남에게 내용을 전달해둔다'처럼 규칙을 정하는 것도 좋다. 원시적일지도 모르지만, 상대방의 말 속에서 다음과 같은 말이 나오면 사기라고 적은 종이를 전화기 근처 벽에 붙여두는 것도 꽤 효과적이다.

- 사기꾼들이 자주 쓰는 단어: 경찰서, 변호사, ATM, 우편저축, 가장 최근의 시사 기삿거리(주식 폭락, 지진재해, 코로나 등)

통화자동녹음기도 꼭 사용하자. 각 지자체가 65세 이상에게 무료로 대여해주고 있다. 전화가 오면, '이 전화의 내용은 범죄 예방을 위해 녹음되고 있습니다'라는 메시지가 나오고 통화내용이 자동으로 녹음된다. 거주지역의 관공서, 소비자센터, 경찰서, 지역포괄지원센터에 찾아가면 안내받을 수 있다.

2. 자택 방문

'오늘까지만 무료! 단지 점검만 합니다'라는 문구가 보이는 순간 일단 사기라고 생각하자. 무료 점검이 10만 엔짜리 계약으로 변신하는 건 한순간이다. 10만 엔 계약을 한 다음은 또다시 사기당한다. 지나친 과장일지 모르지만 의심은 반드시 필요하다.

무엇보다 가족신탁이야말로 각종 사기에 강력한 대책이 된다. 판단능력이 있는 단계에서 재산을 가장 신뢰할 수 있는 자녀 앞으로 이전해 두면 설령 사기를 당한다 해도 돈을 송금하는 것 자체를 고령자가 할 수 없기 때문이다. 악덕업자나 금융기관의 경영공세가 제아무리 압박해 와도 내 재산을 내가 신뢰할 수 있는 가족이 관리하고 있다면 돈이 은근슬쩍 빠져나갈 일은 없을 것이다.

결국 찾아온 치매에
속수무책으로 당하다

80세를 넘겨 발생한 치매는 완치되기가 힘들다

1990년 당시 평균 수명은 남성이 75세였다. 그때는 치매와 돈 문제가 지금만큼 심각성이 크지 않아 사회적으로 크게 부각되지 않았다. 치매를 앓기 전에 이미 많은 사람이 사망했기 때문이다. 그런데 지금은 평균 수명이 남성 81.41세, 여성은 87.45세다. 오래 살게 되면서 치매가 되는 사람도 늘어나고 있다.

지금은 치매 진단이 약 462만 명, MCI라고 불리는 경도치매가 약 400만 명, 여기에 수치상으로 반영이 안 된 숨은 치매 환자 약 250만 명까지 포함하면 총 1,100만 명에 이른다.

치매는 일본만의 문제는 아니다. 전 세계에서 3초당 1명꼴로 치매를 앓고 있으며, 치매 환자는 총 1억 명이 넘는다. 그야말로 문명병이다. 장수하게 되면서 일어날 확률이 높아진 증상의 전형이다. 표20을 보면, 치매는 80세를 넘기면 유병률이 24.4퍼센트가 된다. 85세가 넘으면 55.5퍼센트로 무려 절반을 넘는다.

치매는 병명이 아니라 증상이다. 재채기나 기침과 같이 증상을 부르는 말이다. 따라서 일상생활에 장애가 일어난 상태가 치매다. '물건을 자꾸 잃어버리니까 치매다'라거나 '나이가 들어서 뇌가 위축됐기 때문에 치매다'라는 말은 맞지 않다. 치매라고 진단받지 않았더라도 일상생활에 장애가 될 수 있는 병증이 나타나면 틀림없는 치매다. '외출했는데 길을 몰라서 집으로 귀가할 수 없다', '음식의 간을 하는데 도무지 먹을 수 없을 정도로 짜다', '냄비나 주전자를 가스 불에 올려놓고선 까맣게 잊어버린다', '장을 보러 갔는데 필요도 없는 식재료, 먹을 것을 몇 번이나 반복적으로 사온다' 등을 예로 들 수 있다.

이런 일들이 생명과 직결되는 경우는 드물지만 일상생활을 하는 데 장애가 명확하게 드러난다. 뇌가 오작동을 일으키기 때문에 전체적으로 제대로 된 판단을 내리지 못하는 것이다. 마치 한 집에서 부엌은 전깃불이 들어와 있는데 거실은 단전된 것과 같고 세면대의 수도꼭지에서 물은 나오지만 가스가 끊겨 냉수만 나오고 온수는 전혀 나오지 않는 것처럼 말이다. 어느 부분에서는 뇌가 제 기능을 하고 어느 부분은 기능 저하가 나타난다

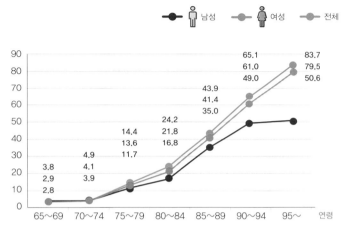

표20

연령별 치매 유병률

●— 👤 남성   ●— 👤 여성   ●— 전체

※출처: 후생노동과학연구비보조금 치매대책종합연구사업 참고(2009~2012)

거나 아니면 아예 정지된 상태가 치매다.

치매 증상이 진행되면 어떤 일을 결정할 때 장단점에 관한 판단능력이 사라진다. 불은 음식을 익혀 먹게 하는 장점이 있지만 화재가 일어날 수 있다는 단점도 갖고 있다. 따라서 가스불 위에서 물이 펄펄 끓는 주전자 보면 불을 끄는 게 당연하건만 판단능력이 없기 때문에 끄는 행동 자체를 하지 않는다.

착불로 1만 엔이나 하는 게가 갑자기 집으로 배달와도 놀라지 않고 반대로 분명히 1,000엔도 하지 않을 먹을 것 하나 없는 게가 와도 모르기 때문에 조그만 사기를 당해도 자신이 사기를 당했다는 사실조차 알지 못한다. 이 말은 자신의 이익, 불이익에 관계되는 계약도 제대로 판단할 수 없게 된다는 뜻이다.

치매는 일단 시작하면 멈추지 않고 계속 진행되므로 완치되지 않는 질환이다. 대부분의 세포는 계속 생성되지만 뇌세포는 그렇지 않다. 뇌세포가 위축돼 장애가 생겨도 원래로 돌아가지 않기 때문에 기능이 떨어진 뇌를 다시 활성화시키기 어렵다.

일본에는 치매라고 진단되면 처방받는 약이 있는데 이들은 모두 '진행을 늦추는 약'이라고 명기되어 있다. 아무리 들여다봐도 '치료된다'는 말은 적혀 있지 않다. 일부 서구 국가에서는 치매약이 효과가 없다고 판단해 보험급여대상에서 제외했다. 전 세계의 제약 회사들이 치매약 개발에 매진하고 있지만 다른 한편에서는 개발을 단념하는 제약 회사도 나오고 있다.

일단 나타난 뒤에는 낫지 않는다는 점이 치매에 대한 공포일 것이다. 내가 더 이상 내가 아니게 된다는 공포도 있다. 치매는 과연 우리 생활에 어떤 영향을 미칠까? 이 책에서는 돈에 중점을 두고 살펴보고자 한다.

평생 모은 예금도, 내 집도 팔 수 없다

깜박하는 게 너무 심해도 자신뿐만 아니라 가족도 그저 나이 탓이라고 생각한다. 그렇게 대수롭지 않다며 방치하고 병원도 가지 않으면 반년이나 1년도 못 되어 걷잡을 수 없이 진행된다. 외출도 못 하고 운동도 못 하고 영양을 딱히 챙겨 먹지도 않는다. 밤에는 좀처럼 잠을 이룰 수 없고 약도 고혈압, 당뇨병, 피부과 등 여러 병원에서 받아서 먹고 있다······. 이런 생활을 하고 있다면 뇌기능 저하를 피하기 어렵다.

치매가 되면 오로지 증상에만 신경이 가겠지만 의외로 심각한 금전적 문제도 발생한다. 다음의 경우가 대표적 사례다.

1. 예적금을 찾을 수 없다

치매가 되면 은행에 갈 수는 있어도 비밀번호를 몰라서 ATM을 사용할 수 없게 된다. 비밀번호를 잊거나 통장을 잃어버리면 은행의 창구에서 재발행 절차를 거치면 된다. 자신의 이름, 주소, 생년월일을 확인하는 절차 말이다.

은행 직원의 본인 확인 절차에 제대로 대답하지 못하면 재발행이 거절될 경우도 있다. 자녀 등 친족이 대신 통장과 도장을 갖고 창구에 가도 지금은 전혀 돈을 인출해주지 않는다. 사기집단에 의한 보이스피싱 피해금액이 커지자 금융기관에서의 본인 확인 절차가 한층 엄격해졌기 때문이다. 금융기관도 맡고 있는 재산을 지킬 의무가 있다. 게다가 통장 명의인의 판단능력이 없어졌고 그 자녀의 요구에 응해서 돈을 인출해주면 나중에 다른 상속인으로부터 '치매가 된 부모의 돈을 왜 맘대로 인출해줬는가?' 하며 소송당할 위험도 있다. 증권회사도 보험회사도 이와 동일하게 대응하고 있다.

2. 부동산을 매각할 수 없다

돌봄 시설에 들어가려 하지만 모아둔 돈이 별로 없는 경우, 자금을 만들기 위해 장차 빈집이 될 자택의 매각도 후보에 들어간다. 하지만 안타깝게도 부동산을 넘기는 최종 결제 때 문제가 일어난다.

부동산 매각은 공인중개사가 가운데 끼고 자녀가 부모의 서명과 날인이 있는 위임장으로 대신할 수 있다. 부동산 물건의 명의를 변경할 때에는 반드시 법무사에 의한 본인 확인 절차가 필요하다. 이때 80세를 넘긴 고령자라면 법무사에 의한 확인도 보다 엄격해진다. 만일 판단능력이 없는 상태에서 명의 이전이 이루어졌다면 소송 문제로 확대될 가능성이 있기 때문이다. 토지 사기꾼(토지의 소유자인 척해서 매각하고 사기쳐 그 대금을 취하는 사람)도 있어서 본인 확인이 예전보다 철저해졌다. 부동산을 구입할 때도 이와 동일하게 법무사에 의한 본인 확인 절차가 있다.

3. 증여, 유언 등의 상속을 할 수 없다

일반적인 상속 대책으로는 유언이 있다. 하지만 일본에서는 실제로 유언을 기록으로 남기는 문화가 그다지 일반적이지 않아서 약 8퍼센트밖에 되지 않는다.

유언을 기록해 남기지 않으면 사망 후에는 법률에서 정해진 상속인이 해당 재산을 나누게 되어 있고 이를 '유산분할협의'라고 부른다. 하지만 유산분할협의에서 상속인끼리 합의해도 피상속인의 인감과 인감증명서가 없으면 재산을 나눌 수가 없다. 그렇게 되면 은행은 일절 상속 절차에 응해주지 않는다.

협의는 저축한 돈, 부동산, 보험 등 다방면에 걸쳐 있어서 재산 목록을 작성해 가족 간에 합의해서 결정한다. 얼핏 보면 간단하게 보이지만, 가족 관계는 상속인들이 어렸을 때와 상속이 발생했을 때 차이가 있다. 여기에 추가로 각자 상속세도 내야 하고, 돌봄 활동을 했던 상속인도 있을 수 있으며, 아파트 같은 부동산을 보유해도 딱히 누구 하나 원하지 않을 수도 있다. 형제간에 생활 격차가 존재하고 상속인 배우자의 의견도 끼어들어 온다.

이 모든 것은 '유언장'이 없었기 때문이다. 유언장만 있으면 유언대로 재산을 나눌 수 있는데 말이다. 문제는 치매가 진행되면 이 유언장을 작성할 수 없게 된다는 것이다. 또 상속세 대책으로서도 효과적이었던, 자녀나 손주에게 생전에 재산을 넘기는 증여도 불가능해진다.

4. 의외의 적은 바로 가족이다

토지 사기 부분에서도 설명했지만 고령이 되면 기획부동산은 한층 더 은근히 마수의 손을 뻗는다. 적은 확실히 판단능력이 없는 사람을 잘도 노린다. 그런데 판단능력이 떨어져 있으면 적은 이런 부동산만이 아니다. 우리 편 내부에도 적이 있는 것이다.

함께 살고 있는 자녀가 있거나 아니면 근처에 살고 있을 때 이런 일이 종종 발생한다. 부모의 생활을 곁에서 챙겨주고 있고 판단능력이 없는 부모의 통장도 진즉 맡아서 관리하는 경우는 주의가 필요하다. 맨 처음에는 자기 부모를 위해서라고 여겨 부모의 계좌에서 돈을 인출해 부모를 위해 100퍼센트 사용하지만 점차 정도가 심해져 자신을 위해 인출해 써버리는 것이다.

치매가 되면 통장 관리도 할 수 없게 되고 자식이 내 돈을 맘대로 꺼내 갔구나 하는 생각도 하기 어려워진다. 부동산 매매는 명의자인 부모 본인의 의사 확인 절차가 있기 때문에 자식 맘대로 매각할 수 없지만 은행에 맡겨둔 예금은 꺼내서 사용하는 건

가능하다. 이처럼 부모를 돕다가 잠시 실수했다 항변도 할 수 있지만 횡령은 횡령이기 때문에 나중에 상속이 일어났을 때 분쟁의 소지가 된다.

지금까지 치매로 인해 발생하는 돈 문제를 크게 네 가지로 나눠 살펴보았다. 대부분 이 네 가지 문제에서 또다시 작은 문제가 파생된다. 그러니 이 네 가지만이라도 제대로 관리해 치매가 되기 전에 미리 대비해두길 바란다.

법정후견제도를 선택할 때 반드시 유의해야 할 사항

상속 시 아버지가 유언장을 작성하지 않은 채 사망했고 어머니는 치매인 경우라면 문제가 몇 배나 복잡해진다. 아버지와 어머니가 바뀐 경우라도 마찬가지다. 간단히 말하면 부모 중 한쪽이 먼저 사망하고 남은 사람이 치매가 되는 상황이다.

민법에 따르면, 유언장이 없을 시 상속하는(재산을 받는 쪽) 상속인들이 유산분할협의를 하면 된다. 하지만 어머니가 치매로 인해 판단능력이 없는 경우, 어머니는 유산분할협의에 참가할 수 없다. 어머니 없이 진행하면 되겠구나 싶겠지만, 어머니의 참가 없이 자녀들끼리 임의로 진행하는 것도 불가능하다.

그래서 협의를 성립시키기 위해 법정후견제도가 이용되는 일이 많은 것이다. 판단능력이 있는 자녀가 가정법원에 신청을 하면 가정법원이 어머니의 후견인을 선임하는 게 법정후견제도다. 후견인이란 재산 관리와 신상감호(피후견인의 생활, 치료, 요양, 돌봄 활동 등에 관한 법률행위를 하는 것을 말한다. 피후견인의 주거 확보 및 생활환경의 정비, 시설 등의 입퇴소 절차와 계약, 피후견인의 치료와 입원수속 등이 이에 해당한다-역주)를 하는 사람을 가리킨다.

가정법원은 대부분의 경우 후견인으로서 전문직 후견인을 고른다. 전문직 후견인이란, 변호사나 법무사 등 전문직을 가진 사람을 후견인으로 삼는 것이다. 전문직 후견인은 어머니의 재산을 지키기 위해 어머니의 상속분이 기재된 유산분할협의서에 서명 및 날인한다. 협의가 성립하면 그 일에서 물러나고 전문직 후견인이 해임되면 끝나지만 실상은 그렇지 않다. 어머니의 재산 관리와 신상감호를 지속하기 때문이다. 어머니의 재산이 일정 이상 있는 경우 다달이 몇만 엔을 전문직 후견인의 보수로 어머니의 재산에서 지불하게 되어 있다. 어디까지나 신청제로 시작했지만 직업후견인은 봉사로 활동하는 게 아니므로 보수를 청구한다.

전문직 후견인이 붙은 경우, 매월 비용이 들어가고 피후견인이 사망할 때까지 지속된다. 다음 비용을 참고하자.

- 관리재산액이 1,000만 엔 이하 시: 매월 1만~2만 엔

- 관리재산액이 1,000만 엔 초과~5,000만 엔 이하 시: 매월 3만~4만 엔

- 관리재산액이 5,000만 엔 초과 시: 매월 5만~6만 엔

　전문직 후견인은 가족의 의견과 의향을 기본적으로는 들어주지 않는다. 또, 돌봄 시설 선택은 전문직 후견인이 결정한다. 재산 상황 역시 상속인(자녀 등)에게 알려주지 않는다. 재산 일부를 손주에게 용돈으로 건네거나 증여도 할 수 없다. 집을 팔고 싶다는 의향도 들어주지 않는다.

　그렇다면 후견인 자리에 있는 사람이 전문직 후견인이 아니면 되지 않을까 생각할지 모르겠지만, 설령 가족이 입후보해서 후견인이 되었다 쳐도 가정법원의 관리하에 놓이게 된다. 후견(재산 관리와 신상감호)하고 있는 사무에 관해 정기적으로 보고할 의무가 있기 때문에 쉽지만은 않은 것이다.

1차는 임의후견제도를, 그다음엔 가족신탁이 최고의 전략

지금까지 수많은 고객들의 치매와 돈 문제를 상담해오면서 깨달은 진리가 하나 있다. 바로 치매 대책만 제대로 세워놔도 상속 문제의 90퍼센트가 해결된다는 것이다. 오늘날은 인생 100

년 시대로 진입해 수명이 길어졌다. 즉 치매가 될 위험이 높아졌다는 것이다. 치매가 되면 판단능력이 없어지고 재산이 동결되기 때문에 치매 대책이 매우 중요하다.

상속 해결책에는 크게 세 가지가 있는데, 이것을 통틀어 '3층 건물 이론'이라고 부른다. 1층이 '임의후견제도', 2층이 '가족신탁', 3층이 '유언'이다. 건물을 세울 때 1층부터 차례로 쌓아 올리듯 상속 문제에 대한 해결책을 생각해나가면 된다. 이는 또한 치매 대책과도 이어진다.

맨 처음에 생각해야 할 것은 1층에 있는 '임의후견제도'다.

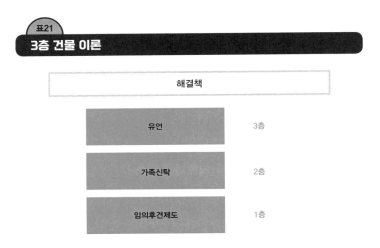

표21
3층 건물 이론

해결책	
유언	3층
가족신탁	2층
임의후견제도	1층

임의후견제도란 자기 판단능력이 있는 단계로, 고령의 부모가 직접 후견인을 고를 수 있는 제도이며, 이렇게 해서 선택된 후견인을 '임의후견인'이라고 부른다. 가정법원이 고르는 게 아니기 때문에 자녀 등 가족과 임의후견인 계약을 맺을 수 있다.

독일의 경우, 치매가 된 약 150만 명 중 대부분이 임의후견제도 절차를 이미 마쳤다고 한다. 이에 비해 일본은 임의후견제도를 이용하는 사람이 채 1퍼센트도 되지 않는다. 이 제도의 장점은 후견인 자리에 가장 신뢰할 수 있는 가족이 할 것이라고 '예약'할 수 있다는 점이다. 앞서 설명한 법정후견제도는 가정법원 임의로 결정되지만, 임의후견제도는 공증사무소에서 계약을 진행한다. 이때 고령자가 판단능력이 있을 때 신뢰할 수 있는 가족에게 자신이 치매가 된 후 원하는 생활 형태를 계약서 안에 명기할 수 있다. 다행스럽게도 사망할 때까지 치매에 걸리지 않았다면 단지 그 조항을 이용하지 않으면 된다. 초기에 드는 절차상의 비용은 10만~30만 엔으로 그다지 비싸지도 않다.

임의후견제도 개시를 가정법원에 신고하면 임의후견감독인이라는 전문인이 임의후견인의 권한 남용을 감시하기 위해 선임된다. 가정법원과 임의후견인 사이에 위치하는 임의후견감독인에게는 매월 1만~2만 엔의 보수가 발생한다. 이처럼 정기적인 비용이 들고 가정법원의 관리를 받는 부분은 법정후견제도와 비슷하지만 자세히 들여다보면 다른 점도 있다.

재산 관리는 물론, 신상감호라 할 수 있는 의료·돌봄 활동이나 돌봄 신청 등의 절차도 임의후견인 자격으로 가능하다. 자녀가 없는 부부, 1인 가구인 사람은 특히 신상감호가 매우 중요하므로 임의후견계약은 꼭 기억해두자. 또 임의후견인은 가족만이 아니라 법무사나 변호사와도 계약할 수 있다.

임의후견제도에서 부족한 부분이 있다면, 그다음에는 2층 '가족신탁'을 검토한다. 만일에 대비한 치매 대책이라면 임의후견으로도 충분하다. 하지만 복수의 부동산, 공동명의의 부동산, 많은 액수의 현금, 증권을 갖고 있는 경우라면 가정법원의 관리하에 있는 것보다 가족신탁 쪽이 훨씬 자유도가 높아 관리하기 쉽다. 또 가족신탁이라면 재산을 양도하는 순서도 아버지에게서 어머니, 어머니에게서 자녀 등 자유롭게 결정할 수 있다.

임의후견은 사망할 때까지의 재산 관리만 할 수 있다. 생전부터 사망 후의 재산 관리, 승계 관련 내용을 설계하고 싶다면 가족신탁이라는 2층 부분도 포함해서 검토하자.

가족신탁은 그야말로 혁신적인 상속 대책으로 서구에서는 매우 일반적으로 이용되고 있다. 방식은 복잡하지 않다. 설날에 주고받는 세뱃돈을 연상하면 쉽게 이해될 것이다. 자녀가 세뱃돈을 받으면 장난감이나 과자를 필요 이상으로 많이 사서 돈을 허투루 쓰거나 밖에서 나쁜 형들에게 빼앗기는 등 안전하지 않을 수 있다. 이때 어머니에게 세뱃돈을 맡긴다면 관리를 받을 수 있기 때문에 낭비하지 않고 빼앗길 일도 없어서 안심되며 정말로 필요할 때 요긴하게 쓸 수 있다.

이와 동일하게 **가족신탁이란, 가족 등 신뢰할 수 있는 관계를 기반으로 상대방에게 재산을 맡기고 관리를 받는 방식이다.** 재산을 갖고 있는 고령의 부모가 신뢰할 수 있는 자녀에게 재산을 맡기고 관리를 받는다. 이 제도가 가장 효과를 발휘할 때는 고령자가 치매가 된 이후다. 자택 등의 부동산과 소유하고 있던 현금의 일부가 이미 자녀에게 위탁되어 있기 때문에 치매가 되었더라도 자녀가 재산을 지킬 수 있고 필요할 때 효율적으로 사용할 수 있는 것이다.

가족신탁의 목적 대부분은 생전의 치매 대책이다. 가족신탁의 계약 내용에는 고령자 본인이 사망했을 때 신탁된 재산의 승계처를 결정할 수 있다. 이를테면 자택은 배우자에게, 남은 현금은 장녀와 장남에게 균등하게 상속하겠다 등 유언 기능을 붙이는 것이다.

내가 상담했던 사례에서는 재산의 승계처를 100퍼센트 결정하고 있다. 고령의 부모 입장에서 '유언'이라는 형태를 정식으로 취하는 게 쉽지 않아 지지부진해지기 쉬운데 가족신탁이 일종

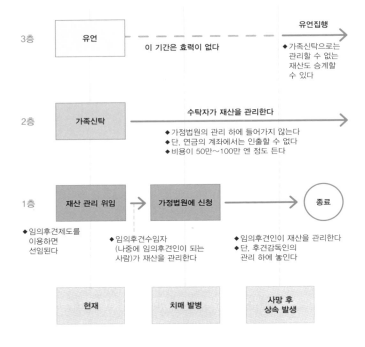

표22

3층 건물 이론의 진행 방식

3층 | 유언 | 이 기간은 효력이 없다 | 유언집행

◆ 가족신탁으로는 관리할 수 없는 재산도 승계할 수 있다

2층 | 가족신탁 | 수탁자가 재산을 관리한다

◆ 가정법원의 관리 하에 들어가지 않는다
◆ 단, 연금의 계좌에서는 인출할 수 없다
◆ 비용이 50만~100만 엔 정도 든다

1층 | 재산 관리 위임 | → | 가정법원에 신청 | → | 종료

◆ 임의후견제도를 이용하면 선임된다

◆ 임의후견수임자 (나중에 임의후견인이 되는 사람)가 재산을 관리한다

◆ 임의후견인이 재산을 관리한다
◆ 단, 후견감독인의 관리 하에 놓인다

| 현재 | 치매 발병 | 사망 후 상속 발생 |

의 유언처럼 쓰일 수 있기 때문이다.

치매 대책의 마지막 3층은 유언이다. 대략적인 재산을 신탁했으면 승계처는 결정됐을 것이다. 한편, 신탁하지 않은 재산 또는 신탁할 수 없는 연금 계좌나 논밭 등의 승계를 유언으로 지정하면 소유하고 있는 모든 재산의 승계처가 결정된다.

실무에서 일하다 보면 '저는 은행에서 유언의 절차를 밟았으니까 치매가 돼도 괜찮아요'라고 착각하는 사람들을 종종 만난다. 유언은 사망 후부터 효력을 발휘한다. 부모님이 100세까지 살았다면 살아계신 동안인 100세까지는 효력이 없다는 것을 알아야 한다. 따라서 유언만으로는 재산 동결은 막을 수 없다. 앞으로 다가오는 시대는 유언 검토가 제일 먼저 할 일이 아닌 것이다.

시설 입원 후 제대로 걷지 못하고 누워만 있다

한 번 시작한 연명조치는 사망할 때까지 멈출 수 없다

더 이상 회복의 가망이 안 보이고 생명의 등불이 꺼져가는 순간에도 현대의 의료를 사용하면 많은 경우, 연명할 수 있다. 호흡 곤란이 오더라도 인공호흡기를 붙여서 체내로 산소를 집어넣는다. 식사가 만족스럽게 되지 않으면 위에 구멍을 내어 직접 위로 음식물을 흘려 넣는 '위루술'로 영양 섭취가 가능하다.

하지만 한 번 이러한 연명조치를 쓰기 시작했다면 떼어내는 게 쉽지 않다. 이런 모습까지 보이면서 살고 싶지는 않다고 생각해도, 일단 한 번 연명 과정이 진행되면 의사를 표시하는 것도 곤란해지기 때문에 연명치료는 계속 된다.

물론 '모든 방법을 다 써서라도 오래 살고 싶다'라고 생각하는 것은 자유다. 그러나 튜브 등의 의료기기에 의존해 질병의 고통을 계속 견뎌봤자 회복의 가망이 없다면 그저 편안하게 죽음을 맞이하고 싶다고 생각하는 사람도 다수 존재하지 않을까. '평온사', '자연사'를 바라는 사람이 자신의 희망 사항을 그나마 건강할 때 기록해두는 방법이 있다. 바로 '리빙윌(Living will)'이다. 리빙윌이란 존엄한 죽음을 위한 선언서를 뜻하며, 치료가 불가능하고 죽음이 임박한 경우에 생명을 인위적으로 유지하기 위한 연명치료에 거부의사를 분명히 밝힌 것이다.

현재 일본의 90세 이상 인구는 약 230만 명이다. 평균 수명도 해마다 늘어나서 지금은 여성 두 명 중 한 명은 90세까지 장수하고 있다. 여성에게 '90세'라는 연령은 당연한 시대가 온 것이다.

90세라면 지병 때문에라도 병원 신세 한 번 지지 않는 사람 없고 치매를 앓고 있을 확률도 절반 이상이다. 여기에 90세가 되면 침대에서 계속 누워 지낼 위험도 높아진다. 최악의 경우, 마치 스파게티 같은 호스가 몸 여기저기에 연결된 '스파게티 증후군' 상태가 된다. 침대에서 자리보전하면서 수액과 호흡을 보조하는 튜브, 소변 주머니 등이 몸에 연결되는 것이다.

이렇게 거동도 못 하고 누워서 지내는 괴로운 날들이지만 만일 과거로 돌아가 의사로부터 '연명치료를 하겠습니까?'라는 질문을 다시 받으면 과연 거절할 수 있을까? 본인의 마음도 그렇지만 배우자나 자녀들도 설령 위루술이나 인공호흡기를 붙여야 한다 해도 좀 더 살아 있으면 좋겠다고 생각하는 경우가 대부분이다.

또한 담당 의사 역시 하고 있던 연명조치를 멈춰달라는 요청에 순순히 응하지 않는다. 소송에 휘말릴 위험이 있기 때문에 환자 곁에 있는 자녀의 말만으로 그렇게 간단히 연명조치를 멈출수 없다. 가족에게 연명조치를 멈추겠다는 결단을 내리게 하는것 또한 그들에게 얼마나 깊은 마음의 상처를 남기는 것이겠는가. 그러니 판단능력이 있는 동안, 자신이 마지막 시기를 어떻게맞이하고 싶은지 생각해서 확실히 준비해두는 게 중요하다.

연명조치 중지의 효력을 발휘하는 2가지 대책

스웨덴과 덴마크 같은 몇몇 북유럽 나라들은 장수국가이긴 하나 개인을 존중해서 위루술이나 연명조치를 하지 않는 문화가널리 퍼져 있다. 침대에서 꼼짝없이 누워 있어야 하는 경우가발생하지 않길 바라는 북유럽에서는 자신이 입으로 음식을 먹지 못하게 되면 무리하게 위루술을 쓰지 않고 그대로 간호만 하는 게 일반적이다. 이 모습이 사람으로서 자연스럽게 죽음을 맞이하는 방식이라고 여기고 있기 때문이다.

반면 일본은 확실한 의사표시가 없는 한 연명조치를 지속한다. 나의 숙모도 만년에는 중증도의 치매로 누워서만 생활하는 상태였다. 남은 수명이 얼마 남지 않았다는 말을 들으면서도 몇 년 동안 살아 계셨다. 그동안 가족은 정기적으로 숙모의 상태를 살펴보러 갔었고 비용도 들었다. 그러니 부디 의사능력이 있는 동안에 본인이 연명치료나 간호방식에 관한 의사를 확실히 표시해두자. 연명치료를 받을 것인가? 만일 받는다면 위루술과 인공심장, 투석은 어떻게 하고 싶은가? 그 순간에는 누구와 있고 싶은가? 어떤 것이 하고 싶은가?

다음은 생애 마지막 시기의 의사표시 방법으로 그 효력이 인정되고 있는 두 가지 방법에 대한 설명이다.

1. 존엄사선언공정증서

'의료 종사자 및 근친자에게 현대의 연명치료 기술이 가져온 과잉 그리고 무익한 연명조치를 거절하고 자연스러운 죽음을 맞이하고 싶다는 희망을 표명하는 선언'이다.

이것은 의사능력이 있는 동안에 공증사무소에서 절차를 밟아야 한다. 생전에 공증증서로 의사를 확실히 밝혀뒀다가 만일 연명치료의 선택을 해야 할 시기가 다가왔을 때 의사에게 보여

2부 마지막까지 건강하고 우아한 삶을 위하여

서 연명조치를 멈추게 할 수 있다. 법적 효력이 있는 것은 아니지만 실제 약 90퍼센트의 의료 현장에서 의사가 연명을 중지하고 있다.

2. 국가 존엄사협회에 의한 회원증

회비를 지불하고 회원등록을 하는 것으로 임종기 연명치료에 관한 입장이 기재된 회원증이 배송된다. 이 회원증을 의사나 가족에게 보여서 자신의 뜻을 주변에 알릴 수 있다.

장수의 비결은
생활습관이 전부다

100세까지 사는 게 더 이상 장수가 아닌 시대

예전에는 장수의 원인으로 생활습관이 65~75퍼센트를 차지한다고 여겼다. 그런데 최근의 연구에서 그 비율이 90퍼센트 이상으로 늘었다. 즉, 100세까지 살 수 있는가는 생활습관에 좌우된다는 의미다.

현재 일본에서 100세를 넘긴 사람은 약 8만 명이고, 그중 여성이 88퍼센트를 차지하고 있다. 1963년에는 겨우 153명에 그쳤으므로 최근 50년 동안 무려 500배 이상 늘어난 것이다. 100세가 넘은 사람을 '센티네리언'이라 부르는데, 이들은 전 세계에 45만 명 정도 있다. 일본은 1위인 미국 다음으로 센티네리언이 많은 국가다. 110세 이상은 '슈퍼센티네리언'이라 부르며, 2015

년 일본의 슈퍼센티네리언은 146명이었다.

성루카국제병원의 명예원장이던 히노하라 시게아키 선생도 105세까지 의사로 활약한 것으로 유명하다. 히노하라 선생의 트레이너였던 요시하라 다케시 씨에 의하면, 히노하라 선생은 전신을 사용해 걷는 방법으로 관절에 부담을 주지 않았다고 한다. 쓰던 근육만 쓰면 관절에 부담이 생겨 통증이 나타나기 때문이다.

재미있는 점은, 선생은 혈압계를 갖고 다니면서 하루 4번씩 꼭 측정했다는 것이다. 축구 경기 보는 걸 가장 좋아했는데 중요한 시합에서 골이 들어갔을 때에는 170수은주밀리미터(mmHg)까지 혈압이 올라갔다고 한다. 언제나 자신의 몸 상태를 안다는 것이 가장 중요하다며 말이다. 또 '하세가와(長谷川)식 스케일'이란 치매 검사가 있는데 점수가 높을수록 치매에 걸릴 위험이 낮아진다. 히노하라 선생은 99세 때 이 검사를 받았는데 30점 만점에 무려 29점이었다고 한다.

앞으로는 100세까지 사는 게 드물지 않은 시대가 될 것이다. 그러나 건강한 100세와 입원해서 곧 혼수상태가 된 100세와는 천양지차다.

장수 지역 주민들이 반드시 지키는 9가지 습관

'블루존'이라는 말을 들은 적이 있는가. 블루존이란 건강 장수의 주민이 많은 지역을 가리킨다. 벨기에의 인구학자 미셸 풀랭과 이탈리아인 의사 잔니 페스가 장수하는 사람이 많은 이탈리아의 바르바자(Barbagia) 지방을 청색 마커로 표시를 했던 것에서 유래한 말이다. 이 밖에 블루존에 해당하는 지역은 이카리아 섬(그리스), 니코야 반도(코스타리카), 로마린다(미국) 그리고 일본의 오키나와다. 이들 장수 지역을 조사한 미국의 연구자인 댄 뷰트너와 그의 연구팀은 장수하는 사람들에게 다음과 같은 아홉 가지 공통점이 있다는 사실을 밝혀냈다.

- 일상생활에서 규칙적으로 자주 몸을 움직인다.
- 삶에서 보람을 느끼고, 매일 아침 일어나야 하는 자신만의 목적이 있다.
- 휴식시간이나 티타임 등, 스트레스를 줄이는 자신만의 생활습관이 있다.
- 식사 시 약간 배부른 느낌이 들면 곧바로 섭취를 중단한다.
- 식단은 채소 중심으로 구성한다.
- 적정량의 술을 즐긴다.
- 건강한 습관을 격려하는 사회적인 그룹이나 모임에 참여한다.
- 종교 단체 활동에 꾸준히 참여하며 서로 돕는다.
- 가족 간의 정이 깊다.

사실, 지금의 오키나와를 블루존이라고 부르기는 힘들어 보인다. 1970년대에는 일정 인구당 100세 이상의 비율이 전국에서 1위였지만 현재는 시마네 현이 1위, 고치 현이 2위로 뽑혔고 오키나와는 순위가 19위까지 내려갔다. 왜 이렇게 된 걸까?

1970년까지는 확실히 장수 문화가 있었다. 식사는 배가 어느 정도 차면 멈췄고 아침, 점심, 저녁마다 저당분, 저지방의 건강한 식사를 했다. 백미가 아니라 감자류가 주식이었기 때문에 필연적으로 저칼로리가 됐고 주변이 바다에 둘러싸여서 생선을 즐겨 먹었다. 무엇보다도 오키나와는 서로가 서로를 돕는 '유이마루'라는 문화가 있어 가족끼리의 끈끈한 정이 특히 강했다. 하지만 세월이 흘러 미국형 문화가 단박에 유입되면서 패스트푸드, 유제품 등 고지방·고당분 음식으로 식사 습관이 확연히 변했다.

이제는 세계적인 블루존, 장수 왕국이란 명예에서 제외된 오키나와를 통해 확실히 알 수 있다. 매일매일의 생활습관이 바로 여러분 자신의 건강과 수명을 결정한다는 사실을 말이다.

행복한 노후생활, 이 3가지만 기억해라

남은 인생이 편해지는 3가지 관점

앞서 50세부터 100세까지, 향후 펼쳐질 노후 가상 시나리오를 보며 걱정되는 사람도 있을지 모르겠다. 그렇지만 안심하길 바란다. 여러분은 이 책을 통해 미래에 일어날 수 있는 문제를 미리 알았으니 앞으로 얼마든지 대응할 수 있다.

그런데 구체적인 해결책을 실행하기 전에 부디 가장 먼저 했으면 하는 것이 있다. 바로 자기 자신의 가치관을 정하는 일이다. 여기서 말하는 가치관이란 '인생 중에서 가장 우선순위가 높은 것', '나다움을 가장 상징하는 것'을 말한다. 그것은 '가족'일 수 있고 '성장'일 수 있으며 '공헌'일 수도 있다. 사람에 따라 다양할 것이다. 정답은 없다. 그 가치관, 자신을 올바로 세우는 사고의 축을 제대로 파악하고 있는가에 따라 이후의 인생에서 선택의 순간이 휘몰아쳐 올 때 결단을 내리기 쉬워진다.

반대로, 자신의 가치관이 없으면 많은 정보에 휘둘려서 사고의 축이 흔들리고 만다. 특히 이제 곧 맞닥뜨릴 노후에는 생각하는 힘도, 움직이는 힘도 쇠약해져 간다. 건강할 때 자신의 축, 무엇을 중요하게 여기고 어디가 내 인생의 목적지인지 명확하게 해두는 것이 중요하다. 다른 사람의 가치관에 의지한 인생은 나에게 전혀 의미가 없지 않겠는가.

인생에서 '건강해진다', '자산이 늘어난다', '행복해진다' 같은 일은 자동적으로 설계되지 않는다. 자신이 소중하게 여기는 가치관을 정하고 그에 따른 생각을 하고 행동을 하면서 자신에게 최적화된 인생을 보내는 것이다. 그렇기 때문에 설령 다른 사람의 성공만을 흉내 내다가 운 좋게 현실로 만들었더라도 마음 깊은 곳에 있는 행복의 기준과 동떨어져 있다면 시간이 한참 지나도 결코 만족하지 못할 것이다.

마지막 장에서는 앞으로 시작될 노후생활을 보다 풍요롭게 지내기 위해 꼭 알아야 할 가치관에 대해 전하려 한다. '소득', '가족', '행복도' 이 세 가지 관점으로 인생을 바라보는 것이다. 여기에 여러분 스스로도 자신에게 맞는 가치관을 발견한다면 더 좋다. 그것은 반드시 긍정적인 사고로 이어질 것이고, 행동을 바꿀 것이며, 삶 전체를 바꿀 것이다.

근로소득, 연금소득, 불로소득은 반드시 확보하자

첫 번째는 '소득'이다. 연금을 얼마나 받을 수 있는가는 현역 시절 노력의 결과로 결정된다. 그렇다면 대부분이 일할 수 있을 때까지 계속 일을 하는 편이 이득이라는 생각을 할 것이다. 일은 근로소득은 물론이고 보람까지 얻을 수 있는 귀중한 행위다. 따라서 '일은 60세가 되면 그만두는 것'이라고 단정 짓지 않으면 좋겠다.

단, 스트레스를 많이 받는 일은 예외다. 이런 경우에는 다른 일을 찾아야 하며 전직이나 은퇴를 결단하는 편이 훨씬 좋다. 업무를 하는 데 있어서 심적 부담이 비교적 적고, 기분 좋게 일할 수 있는 직장을 찾아서 일을 지속하는 것이 목표가 되어야 한다.

연금소득의 경우, 앞서도 언급했듯이 수급 개시 시기를 늦추는 게 중요하다. 1년만 미뤄도 수급액이 약 8퍼센트나 늘어나기 때문이다. 만약 70세까지 늦추게 된다면 실제 수급액은 무려 42퍼센트나 상승한다. 게다가 사망할 때까지 그대로 지속된다. 늦추지 않을 이유가 없지 않은가. 물론 수급을 뒤로 미루는 것은 방금 설명한 '근로소득'을 순조롭게 받을 수 있는 생활을 지속해야 실현이 가능하다.

여기에 사적연금이라고도 할 수 있는 또 하나의 '소득' 기둥, '불로소득' 만들기도 권한다. 50대까지 현역 직장인이라면 충분하다. 아직 늦지 않았다. 특히 부동산을 다른 사람에게 빌려줘서 집세수입을 얻는 부동산 임대업은 바쁜 사람도 시작하기 쉬운 방법이다.

단, 미래를 대비해 어느 정도의 집세수입을 목표로 할 것인가는 자신의 노후생활 스타일에 맞춰 생각해야 한다. 물론 집세수입은 많을수록 좋겠지만 그러려면 지금 사용할 수 있는 돈이 너무 빠듯해질 것이고, 지금의 삶에 즐거움도 마음의 여유도 없어져서 본말전도가 되고 만다. 지금의 자신에게 무리가 되지 않는 범위 내에서 행동하는 것이 중요하다.

충분한 연금을 받을 수 있겠다고 예상되면, 매월 5만 엔 정도의 집세수입에도 당연히 만족해야 한다. 겨우 5만 엔이라고 생각하는 사람도 있겠으나, 현역 시절의 5만 엔과 노후의 5만 엔은 그 무게가 완전히 다르다. 일을 하고 있다면 매월 '임금'이라는 형태로 안정적인 소득을 얻을 수 있겠으나 노후에 일을 할 수 없게 됐을 경우, 안정된 소득이 연금밖에 없으면 5만 엔이 얼마나 고맙겠는가.

만일 시급 1,000엔으로 5만 엔의 소득을 얻어야 한다면 50시간을 일해야 한다. 주에 3일, 4시간 일해야 손에 들어올 수 있는 금액이다. 이것이 10만 엔이라면 1일 8시간 풀타임으로 주 3일 근무다.

연금은 일정액 이상의 근로소득이 있으면 감액되지만 집세 수입은 근로소득이 아닌 불로소득이기 때문에 주식의 매매 이득과 배당금처럼 아무리 수입이 있더라도 연금이 감액되는 일은 없다(우리나라의 경우, 재직자 노령연금 감액제도가 있다. 저소득층의 연금을 보조해주기 위해 다른 소득이 있는 수급자를 대상으로 하며, 연금 수급자의 소득이 국민연금 전체 가입자의 평균 월소득보다 높을 경우, 이에 해당한다. 60세에 연금액의 50퍼센트를 깎기 시작해 매년 10퍼센트씩 줄여나가며 65세가 되면 원래 연금을 모두 받을 수 있게 된다. 감액기준 소득에는 근로소득뿐 아니라 사업, 임대, 배당소득 등도 포함된다-역주).

가족과의 소통 시 고려해야 할 우선순위

두 번째는 '가족'이다. 가족과의 소통 시 주의할 점은 가장 먼저 자신의 심신이 안정된 상태여야 한다는 것이다. 심신이 안정되어 있지 않으면 다른 사람과 잘 지내려는 여유와 차분한 마음이 생기지 않는다. 비록 그 상대가 가족일지라도 말이다.

그다음 순서로, 기혼이라면 자녀보다는 **배우자를 최우선으로 생각하는 '부부 퍼스트'가 좋다.** 노후는 일상의 거의 90퍼센트를 부부 둘이서만이 보내기 때문이다.

그런 다음에 신경 썼으면 하는 것이, 고령이 된 부모와의 소통이다. 최근 수십 년 동안 결혼 후 자신이 꾸린 가족 우선으로 살아왔기에 부모와 제대로 된 대화도 하지 못한 사람이 수두룩하다. 솔직히 이렇게 말하는 나도 그런 사람 중 하나다. 부모와의 관계를 다시 재정비하면서 부모의 치매 대책 등 실질적인 장점도 챙길 수 있는 것이 바로 '82세'에서 소개한 '가족신탁'이다. 가족신탁은 별 어려움 없이 상속이 진행되게 할 뿐만 아니라 부모가 생전에 당신 자신을 위해 사용하고 싶은 돈을 쓸 수 있도록 보조하는 제도다. 종래의 유언과는 완전히 다른 종류다.

가족신탁을 검토할 때는 반드시 가족회의를 거쳐야 한다. '고령의 부모에게 가족신탁을 이해시킨다→대화한다→결정한다'라는 단계가 필요하기 때문이다. 대다수 경우가 바로 이 과정에서 부모와의 관계가 깊어진다. 지금까지는 돈이나 상속에 관해 말을 꺼내려 해도 막상 꺼내기 힘들었을 것이다. 혹여 서운해하거나 관계가 나빠지지나 않을까 걱정돼 나중에 하자고 미루어 온 사람도 많을 텐데, 가족신탁을 하면 이런 중대한 이야기를 자연스럽게 꺼낼 수 있다. 이처럼 가족신탁은 상당히 계획적인 제도다. 가족 간의 소통 결과, 가족신탁이라는 절차를 밟지 않기로 했더라도 가족회의 시간을 가졌던 것 자체로도 충분히 가치 있다.

출세와 성공이 주는 행복은 딱 50세까지다

50세를 넘어선 인생 후반전은 전반전과는 경기 운영의 방식이 완전히 다르다. 노후에는 자산을 늘리는 것과 출세, 성공에 대한 중요도가 줄어든다. 100만 엔의 자산을 늘리기보다 행복을 실감할 수 있는 하루를 얼마나 어떻게 늘릴 수 있느냐가 더 중요한 시기다.

인생의 전반기에서는 연소득을 올리랴, 자녀의 입시를 성공시키랴, 직장마다 사회마다 제각각인 환경 때문에 이리저리 휩쓸렸던 사람도 많았을 것이다. 나도 돌아보면 나와 가족에 대한 관심, 건강보다는 큰돈을 벌고 일에서 성공하는 것에만 집중하며 온 에너지를 쏟았다. 당시에는 균형이 중요하다는 것을 알지 못했다. 소득이 늘어나면 가족도 나도 행복도가 당연히 올라갈 것이라 착각했다. 인생 후반에 들어선 지금은 그렇지 않다고 자신 있게 말할 수 있다.

2부 마지막까지 건강하고 우아한 삶을 위하여

행복도를 관장하는 호르몬에는 '세로토닌', '옥시토신', '도파민'이 있다. 먼저, 세로토닌이 분비되면 기분이 과도하게 들뜨거나 심하게 가라앉는 게 덜해지고, 스트레스와 불안함이 줄어든다. 그러니 세로토닌이 분비되지 않으면 '이유 없이 불안하다', '아침에 일어나도 기분이 우울하다', '매사 초조하고 쫓기는 기분이 든다', '아무것도 하고 싶지 않다'처럼 우울증 비슷한 증상이 나타날 위험이 높다.

자기 자신이 스스로 행복하다고 느끼지 못하는데 어떻게 다른 사람에게 친절히 대할 수 있을까. 노후에는 가족 간의 상호 지지가 관계의 중심축이 돼야 한다. 정신적으로도 육체적으로도 하나의 축이 망가지면 단박에 가족도 붕괴될 위험이 커진다.

이런 위기 상황을 피하려면 무엇보다 자신의 심신을 안정시키는 행동과 습관이 중요하다. 가령, 아침 산책을 통해 햇볕을 정기적으로 쬐고, 아침밥은 거르지 말아야 한다. 식사를 할 때는 음식을 천천히 씹어서 그 맛을 음미하며, 시간을 정해 규칙적으로 요가나 명상을 해도 좋다. 바빠서 일에 쫓기더라도 잠깐 복식 호흡을 하면 세로토닌은 분비된다.

일부러 여행까지 가지 않더라도 단지 푸른 녹지가 있는 공원에만 가도 충분하다. 매일 밖에 나가 공원을 산책하면서 하루 10분씩 햇볕을 쬐는 습관을 들이자. 이렇게 세로토닌이 꾸준히 분비되면 밤에 잘 때도 수면의 질이 좋아져서 불면증이나 수면 부족의 상태에서 벗어날 수 있다.

노후에는 '내 건강은 내가 지킨다', '건강이 최고다'라는 생각을 의식적으로 품고 하루하루를 살아야 한다. 건강하게 오래 사는 비결은 매일의 사소한 습관에 달려 있다.

자신의 페이스를 유지하며 삶의 균형을 지킨다는 것

이번에는 '애정 호르몬'이라고도 불리는 옥시토신에 대해 설명하겠다. 옥시토신은 타인과의 신체적 접촉 즉, 스킨십을 통해 분비되는 호르몬이다. 불안과 공포를 누그러뜨릴 뿐만 아니라 타인과의 친밀성을 높이는 효과가 있다.

노후에 들어서 이 옥시토신이 중요해지는 이유는, 일 중심의 생활에서 가족 중심의 생활로 바뀌기 때문이다. 전보다 배우자나 가족과 함께하는 시간이 더 많아지므로 이 시간이 행복하다고 느끼지 못하면 돈이 아무리 많더라도 행복할 수 없다.

서구와 달리 일본에는 가족끼리 인사할 때 포옹하거나 가벼운 입맞춤을 하는 습관이 없어 옥시토신이 나오기 힘든 문화일지는 모르겠다. 부부라면 시간을 내어 오붓한 분위기를 내지 않더라도, 평소에 서로 딱딱하게 굳은 어깨와 허리를 주물러주자.

그것만으로도 충분하다.

한편, 옥시토신이 반드시 스킨십을 통해서만 분비되는 것은 아니다. 상대의 말을 가만히 듣고 경청하는 일로도 가능하다. 할 말이 없으면 손주 이야기를 하는 것도 좋고, 반려동물을 키우는 것도 좋다.

가족도 반려동물도 가까이 있지 않으면 부부가 함께 봉사활동에 참가하는 방법도 있다. 간혹 이를 많은 지인들과 교류해야 한다고 오해하여 스마트폰이나 소셜미디어네트워크(SNS) 속 인간관계에 의존하는 사람들도 있다. 하지만 이러한 표면적인 연결은 별 의미가 없다. 3명이든 1명이든 서로 마음이 통하고, 깊이 교류하면 옥시토신은 분비된다.

마지막으로, 도파민을 설명하겠다. 도파민은 생명의 활력을 만들어서 '의욕 호르몬'이라고도 불린다. 현역 시절에는 누구나 펑펑 쏟아져 나올 정도로 강력한 힘을 가졌지만, 노후가 되면 그 힘이 잠잠해지고 만다. 그렇기 때문에 100세까지 오래 건강하게 살려면 도파민의 힘을 깨워 활용해야 한다.

노후에 도파민을 분비하려는 목적은, 전처럼 출세를 하거나 재산을 늘리는 데 있지 않다. 도파민의 도움을 받아 무기력에서 벗어나 의욕을 돋우고, 작은 성공이라도 좋으니 완수하여 거기서 오는 행복감을 지속적으로 느끼는 데 목적을 둬야 한다.

앞서 말했듯 산책만으로도 성취감을 느낄 수 있다. 어제와 달리 오늘은 생각보다 더 오래 걸었다거나, 우연히 길거리에서 아름다운 꽃을 발견하는 일처럼 대상은 어디에나 있다.

집에서 취미에 몰두해도 도파민은 나온다. 서예, 악기 연주, 그림이나 조각을 하는 등의 창작활동 등 뭐든지 좋다. 배움이나 성장을 실감하며 삶의 활력을 조금이라도 되찾는 것, 그게 핵심이다.

노후에는 우선순위를 거꾸로 바꿔라

대다수의 사람들이 현역 시절에는 출세하거나 연봉을 올리고, 좋은 회사에 들어가는 것처럼 오로지 '사회적 성공'과 '목표 달성'에만 몰두한다. 그런 다음에는 성공을 거두는 과정에서 형성된 인맥들과의 '관계'에만 매달리다가 나이가 들어 은퇴 직전에서야 비로소 '심신의 건강'에 겨우 눈을 돌리는 인생을 보낸다. 불안정한 경기 침체가 지속되는 사회에서 돈을 벌고 가족을 부양하며 생활하려면 어쩔 수 없는 부분도 있을 테니 잘못되었다고 무작정 부정할 수만은 없다.

하지만 이런 인생이 노후까지 이어진다면, 생애 마지막 순간에 내 삶을 돌아봤을 때 어떤 기분이 들까? 내 인생은 행복했을

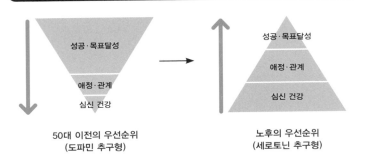

까? 현역 시절, 사회에서 고군분투하느라 끊임없이 스트레스에 시달려 이미 심신이 피폐해졌는데, 체력도 기력도 떨어지는 노후까지 이런 상태로 살아가서는 안 된다. 그러니 노후에는 지금까지 살아온 인생의 우선순위를 반대로 하자. 위의 표23은 걱정과 고민, 피로에 휩싸이지 않고 현명하게 노후생활을 보내는 방법이다. 이를 참고하여 자신에게 맞는 이상적인 노후 인생설계를 시작해보자.

마지막으로 '평범한 매일이야말로 최고의 인생'이라는 사실을 늘 기억하자. 크게 기뻐할 만한 일이라고는 눈을 씻고 찾아봐도 없을 것 같은 매일매일이 한편으로는 지루하게 느껴질 수도 있다. 하지만 큰 문제가 일어나지 않는 날이 계속되는 것만큼 행복한 일도 없다.

　노후에는 인생 전반전보다 즐겁고 설레는 일이 훨씬 적을 수밖에 없다. 그러나 매일 당연하게 일어나는 일들이 어느 날 확 사라진다고 상상해보라. 슈퍼마켓으로 물건을 사러 가고, 집 근처 공원을 산책하고, 마음을 잘 아는 친구와 소소한 대화를 나누며 즐거워하는, 이런 일들이 전부 사라져 버린다면 말이다. 당연한 매일을 둘도 없이 소중하게 여기는 마음가짐이야말로 노년이 행복한 궁극적인 비결이 아닐까. 언제부터가 아니라 지금, 바로 '오늘'부터 하루라도 더 길게 건강한 몸과 마음을 유지하며 살자. 그리하여 마지막까지 최고의 인생을 살아보자.

옮 긴 이
윤 경 희

한국외국어대학교 일본어과를 졸업한 후, 현재는 엔터스코리아에서 출판 기획 및 일본어 전문 번역가로 활동하고 있다. 주요 역서로는 《손정의처럼 일하라》, 《일 잘하는 사람은 왜 사우나를 좋아할까》, 《뇌에 맡기는 공부법》, 《빡치는 순간 나를 지키는 법》 외 다수가 있다.

나이 드는 게 두렵지 않습니다

초판 1쇄 | 2021년 8월 25일

지은이 | 요코테 쇼타
옮긴이 | 윤경희

발행인 | 이상언
제작총괄 | 이정아
편집장 | 조한별
책임편집 | 김수나
마케팅 | 김주희, 김다은

디자인 | [★]규

발행처 | 중앙일보에스(주)
주소 | (04513) 서울시 중구 서소문로 100(서소문동)
등록 | 2008년 1월 25일 제2014-000178호
문의 | jbooks@joongang.co.kr
홈페이지 | jbooks.joins.com
네이버 포스트 | post.naver.com/joongangbooks
인스타그램 | @j__books

ISBN 978-89-278-1249-4 03320

중앙북스는 중앙일보에스(주)의 단행본 출판 브랜드입니다.